T0013655

Evocación

Evocación
Mi vida al lado del Che

ALEIDA GUEVARA

Centro de Estudios
CHE GUEVARA

SEVEN STORIES

ocean
sur

Derechos © 2011 Aleida March
Derechos © 2011 Ocean Press y Ocean Sur

Todos los derechos reservados. Ninguna parte de esta publicación puede ser reproducida, conservada en un sistema reproductor o transmitirse en cualquier forma o por cualquier medio electrónico, mecánico, fotocopia, grabación or cualquier otro, sin previa autorizacion del editor.

Seven Stories Press/Ocean Sur
140 Watts Street
New York, NY 10013
www.sevenstories.com

ISBN: 978-1-64421-207-3 (paper)
ISBN 978-1-64421-208-0 - (e-book)

Impreso en los Estados Unidos

9 8 7 6 5 4 3 2 1

Índice

Aleida nuestra

Sumida en el silencio por decenios, nada distante, tan solo en otro plano refugiada, Aleida March extrajo del dolor la fuerza del rescate, y ha dedicado vida y tiempo, tanto cuanto ha podido, a sembrar la memoria empeñada en hacer que perviviera aquel siempre presente; pero esta vez, entregado desde la autenticidad más honda y más compleja, de riqueza inagotable, diré que poliédrica y de unidad lograda, pese a irradiar su iluminante pensamiento en tantas direcciones y desde irreductible eticidad, irreductible e ilímite.

Sembrar en el olvido la memoria del más lúcido modo. Es que el olvido se esconde en formas varias. El Che recuperado y solo mito de un ideal que no tiene perfiles, es el olvido. El Che que se hace devenir icono de liturgia, inspirador de ceremonias, es el olvido. El Che mirando desde Korda (Korda-poeta) hacia el futuro entre inertes ilusos y entre copas, es el olvido. La izquierda que no lucha, de mente abarrigada, no es izquierda (ha pasado a ser... búsquese la rima) y es el olvido.

La memoria se siembra de otro modo. Se siembra desde textos inmortales, avalados por inmortal ejemplo. Esa labor ha permitido que, de esa alianza, en que la acción que se recuerda resulta expresión material del pensamiento, día a día renazca la esperanza en jóvenes que saben, sabrán, pueden, tendrán que combatir sin tregua, sin fatiga, con esa lucidez y aquel coraje. Es que la verdad salvada potencia la realidad que la confirma.

Ella supo saber, la Aleida nuestra, la de todos nosotros, revolucionarios, saber supo cuánto salvar, ordenar, priorizar y entregar y de qué modo y a quién, y cómo, y qué debía callar y esconder en el pudor o la mesura, y cuándo desgarrar su persona y entregarlo, entregar todo. Ella supo que en el dolor se afirman las raíces, como si sangre mártir y mejor heroica, y mejor del universo todo, las nutrieran. Y ahora, nos entrega en este libro, nos entrega y revela, al Che que nos faltaba, el Che de la ternura, del amor trascendido. Eternidad de amor, cuando la esencia en la vida vivida se revela, Amor que se trasciende en la ternura no deviene abstracción idealizante, es aquel que del más depurado sitial regresa a la persona y en la persona encuentra su morada. Es esa la dimensión desde la que una joven guerrillera urbana, que ha formado el carácter combatiendo, se atreve tantos años después desde esa cumbre, la de los años, a entregarnos. Trascendencia del ser, de la persona, encarnada en cartas, notas, poemas, reflexiones, vida plena, dolor, plenitud, inhibición, trasgresión, desgarramiento. Este, el amor vivido en ser humano. Aleida nos lo entrega en páginas que dicen cómo un personaje va creciendo, de cómo se descubre y se despliega, del encuentro que marca para siempre, de cómo de dos seres se prolonga el proyecto en cuatro vidas. De cómo cuatro vidas definen un destino. De cómo una muchacha guerrillera, guerrillera deviene en otro ámbito. De cómo en el acero puede habitar la fragilidad de un poeta y un poeta, el «Poeta», desencadenar huracanes.

Conocí al poeta que desata huracanes; conozco a la muchacha de las firmes tareas. Ella y Él, Él y Ella, no cesarán nunca de desencadenarlos. El secreto ellos saben. ¡Qué fortuna! Para entregar al lector la parte más visible, Aleida ha debido arrancarla de aquella intimidad guardada a cal y canto, y ha sido y es un modo de compartir al ser amado (por ella, por nosotros) de permitir(nos) mejor conocerle. Por eso, Aleida, gracias y gracias.

Alfredo Guevara
La Habana, 1ro. de abril, 2007

A mis hijos, la mayor inspiración para mí.
A Fidel, a quien le debo todo.
A Alfredo Guevara, amigo de todos los tiempos.
A Abel Prieto y Roberto Fernández Retamar,
mecenas de un nuevo tipo y de una nueva época.
A María del Carmen Ariet, amiga,
siempre dispuesta a ofrecerme ayuda.
A Camilo Pérez, gracias por su apreciado apoyo.

Una tarde tomé en mis manos una grabadora para ir desgranando los recuerdos que de pronto me asaltaban. Quise, pero no pude... Hablé sobre esto con mi amiga y colaboradora María del Carmen Ariet. Era mucha el agua que había pasado bajo mis puentes. Trabajaba en la creación del Centro de Estudios Che Guevara. Ella y yo habíamos archivado poco a poco documentos, fotografías, cartas, poemas y otros objetos personales. A partir de ahí, cada vez con más fuerza, pensábamos que teníamos un camino largo por recorrer hasta lograr o casi lograr todos nuestros anhelos, y así fue como empezamos a editar cuidadosamente la obra del Che.

Queríamos que las nuevas generaciones lo conocieran, los jóvenes lo hicieran cercano a ellos; no solo como símbolo, sino como hombre vivo que desde temprana edad soñó y que luego hizo realidad esos sueños con espíritu creador.

A medida que crece el Centro, donde no solo aspiramos a estudiar el pensamiento, la obra y la vida del Che, pretendemos trabajar con la comunidad que nos rodea para fomentar en ella una de sus cualidades más importantes, su ética, y que conozcan aquello por lo que luchó: un mundo más justo.

Hace unos años, el señor Giuseppe Cecconi, delicado y persistente, se me acercó en varias ocasiones, quería que yo aceptara escribir un guión —él realmente se empeñaba en realizar una película—, pero aquella idea no me entusiasmó, sin embargo, casi convencida, pensé que, sobre todo, se lo debía a mis hijos y empecé a dejar constancia de mis recuerdos. Empecé entonces a garabatear lo vivido.

En *Evocación* están mis remembranzas, no tengo vocación de escritora, volqué en blanco y negro mis recuerdos más queridos, espero que los que lean mis notas aprecien cuánto esfuerzo y dejación hice de mis cartas, mis poemas que hasta ahora guardaba dentro, muy dentro de mí...

Gracias.

Aleida March

El tiempo, el tiempo que siempre va pasando,
que puede ser olvido del olvido, memoria que se esfuma en la ceniza, ceniza
que se queda dormitando y que pudiera deshacer,
deshace, acaso, el más ligero vientecillo. Esa es la vida; suele ser la vida.
Debemos conocerla y afrontarla. Existo sin embargo, acciono
y hasta escribo, y de amores me lleno.

Alfredo Guevara

I

Cuando era aún muy joven —en mi época de lecturas románticas—, leí la novela *El ángel sin cabeza*, de la austriaca Vicky Baum, que despertó en mí inquietudes por conocer más sobre la historia latinoamericana. A tal punto llegó mi avidez que busqué entre mis amigos quién podía prestarme libros que hablaran de la Revolución Mexicana. Quizás pueda parecer una nimiedad esa remembranza; lo cierto es que al cabo de los años se avivan estos recuerdos juveniles y creo que, en cierta forma, mi vida se acerca un poco a la de la protagonista de aquella historia. Por eso que si me pidieran expresar con una palabra lo que me embarga al tratar de acercarme con una mirada personal y un tanto íntima a mi existencia, tendría que confesar que podría ser temor o «terror».

Nunca me he creído con dotes de escritora, quizás porque en esas cuestiones mis parámetros son muy altos, y siento estar muy por debajo de esas pautas. No obstante, me he dispuesto a ordenar lo que pudiera llegar a ser una breve historia de vida, un tanto diferente, porque más que contar pormenores de la mía propia, sirve de pretexto o excusa para narrar memorias, las mías junto al Che.

En ese repaso condensado de tiempo y espacio no pretendo resaltar unos momentos por encima de otros, correría el riesgo de equivocarme o dejarme llevar por circunstancias más personales, importantes para mí, con las que pudiera errar en un camino alejado de mis propósitos.

Compartir vivencias personales al lado de un hombre que antes de ser mi compañero ya poseía cualidades excepcionales —lo que considero comúnmente aceptado más allá de cualquier juicio o apreciación—, conlleva un compromiso que, admito, me resulta difícil encarar. En esas apreciaciones se mezclan mis vivencias a través de un prisma que se abre a una visión compartida entre dos por voluntad propia y, subrayo esto último, porque sé que a veces se me reprocha el que haya dejado un tanto mi individualidad para ser más *nosotros*. De eso no me he arrepentido nunca.

La historia comienza con «mi encuentro» con el comandante Ernesto Che Guevara en el Escambray. Sucesos de extrema gravedad me llevaron a ese macizo montañoso. No me era desconocido. Un incentivo especial tenía: era mi primer contacto con los insurgentes que habían recorrido parte del territorio nacional, desde la antigua provincia de Oriente; comandados, además, por el Che, el argentino que con merecida fama era jefe de la Columna 8.

Me había sido encomendada una misión por la dirección del Movimiento 26 de Julio de la antigua provincia de Las Villas. Asediada y vigilada por las fuerzas represivas de la dictadura de Fulgencio Batista,[1] obligada por los acontecimientos, debía permanecer en el Escambray, hasta tanto no recibiera otra orden.

Ante lo desconocido, un sinnúmero de dudas me asaltaban a mi llegada. Me dedicaba a observar el comportamiento y la conducta de los rebeldes, los que a su vez me miraban tratando de interpretar mis reacciones, y me imagino que preguntándose qué había venido a hacer. Porque no era extraño pensar, solo de verme, que no daba imagen de guerrillera. Bien mirada, podía parecer, ante aquellos ojos que me escrutaban, todo menos una combatiente.

El afamado «encuentro», motivo de fabulación por parte de escritores y periodistas, nada tuvo que ver con cuentos de hadas y príncipes encantados. Aun cuando el Escambray es un lugar de hermosos paisajes, propicio para el embrujo, los que nos encontrábamos allí entonces pasábamos por alto ese don tan preciado que nos obsequiaba en todo su esplendor la naturaleza.

Tuvieron que pasar algunos años para conocer cómo había vivido el Che nuestro encuentro. Fue por medio de una carta que recibí desde el Congo en 1965, cargada de añoranzas, en la que me reveló lo que había pensado al verme en aquel momento y en días sucesivos; lo que había experimentado, al tener que debatirse entre el revolucionario disciplinado y el hombre con sus sensaciones y necesidades, cuando vio a «una maestrita rubia y regordeta», particularmente la tarde en que palpó «la marca de un esparadrapo y, hubo una lucha (un poco) entre el revolucionario intachable y el otro (el verdadero, que perdió tal vez por timidez aunque doraba la píldora con la imagen del intachable)».

Pero antes de que ambos pudiéramos identificarnos y expresar nuestros sentimientos, tendrían que sobrevenir sucesos estremecedores y alguna que otra incomprensión...

II

A partir de aquel encuentro, sin apenas darme cuenta, mi vida dio un giro sin retroceso. Me vi envuelta en acontecimientos cruciales, que ya forman parte de nuestra historia más reciente. Como relámpagos, se reflejan una y otra vez en mi memoria. La dinámica en que se producían no daba tiempo a largas meditaciones.

En ocasiones afloraban mis años de infancia en el campo, mi adolescencia, mis frustraciones de juventud —motivadas por las injusticias que se vivían en la Cuba que pretendíamos cambiar—, todo eso se agolpaba en mi mente y me hacía estar cada vez más cerca de aquel pasado...

Al evocar las circunstancias que entonces me rodeaban, las que vivía sin experiencia previa alguna, con la sensación de estar ante momentos irrepetibles, de los que quizás nunca podría llegar a conocer su desenlace, fui acercándome, de forma inesperada y recurrente, a un reencuentro conmigo, no tanto por el temor a la muerte —la que sin lugar a dudas se encontraba al acecho—, sino, sobre todo, por la necesidad de responderme: qué me había llevado hasta allí y cuán segura estaba de mi decisión.

Antes de mi llegada al campamento guerrillero, mi vida había sido una más dentro de la inmensa masa campesina que tenía que enfrentarse con violencia a años de desigualdades y oprobio, por el mero hecho de carecer de recursos suficientes para salir de aquella realidad de por sí amarga.

Vivía en Los Azules —el nombre, según mi madre, lo debía al color de las aguas de sus ríos en otro tiempo—, una zona apartada de la capital de la antigua provincia de Las Villas, enmarcada en el centro de Cuba, de hermosos paisajes, que en mis sueños de entonces colmaban los más recónditos deseos. Para mí el mundo era una pequeña naranja, circunscrita al pequeño terreno que con tanto celo trabajaba mi padre y que a pesar de su entrega y esfuerzos tan pocos frutos le rendía. De cierto modo le daba la razón a mamá, que consideraba aquella tierra el fin del mundo, rodeados como estábamos por todas partes de tíos, maternos y paternos, y de vecinos pobres, con muy pocas esperanzas de futuro.

No obstante, me acuerdo nítidamente de cómo los más pequeños disfrutábamos bañándonos en el río, mientras los mayores se dedicaban a sus labores habituales. Fueron vivencias inolvidables que quedaron grabadas para siempre.

Soy la menor de cinco hermanos —Lidia, Estela, Octavio y Orlando—, nacida fuera de todo proyecto. Cuando vine al mundo, mis hermanas mayores ya pensaban en noviar: dieciséis años tenía la primera, Lidia, y mi presencia inesperada le causaba algún que otro bochorno —en aquella época colmada de remilgos y prejuicios—, ante la bien probada fertilidad de mis padres, ya para entonces pasaditos en años.

Creo haber tenido una niñez feliz dentro del pequeño mundo construido por mis padres, fuertes y vigorosos, simples arrendatarios de tierra que, a pesar de las dificultades y en condiciones tan desfavorables, hicieron todo lo posible por sacar adelante su prole. Mi padre, Juan March, de ascendencia catalana, era un típico campesino oriundo de la ciudad, lo que le confería un aire particular. Gustaba de leer, tenía un cierto nivel cultural. Todo esto, unido a un carácter noble y ecuánime, introvertido por demás, contrastaba con mi madre, Eudoxia de la Torre, campesina de pura estirpe, con un férreo carácter, decidida y persistente, que contribuyó, sin lugar a dudas, a que la pareja pudiera levantarse una y otra vez. Ambos erigieron un hogar basado en firmes principios morales, con las necesidades mínimas cubiertas y con el cariño que nos profesaban, no con mimos y besos, costumbre no habitual en campesinos acostumbrados a la reciedumbre de lo cotidiano, pero sí con el apoyo y afecto necesarios para hacer que pudiéramos encaminarnos y sentirnos rodeados de un halo protector, el que solo produce la certeza de contar con seres incondicionales, dispuestos a todo para defender lo suyo.

Momentos dolorosos no faltaron. La muerte de uno de mis hermanos, Osvaldo, ocurrida antes de que yo naciera, dejó una enorme pena en mis padres. Él siempre estuvo presente, pues era costumbre en las antiguas casas del campo reverenciar a los fallecidos en una especie de galería de imágenes y fotos ubicada en la sala. En nuestro caso, lo acompañaban mis dos abuelos paternos. Cosas como éstas ocurrían a diario, a consecuencia de la indolencia y apatía de gobiernos inescrupulosos y corruptos, que nunca incluyeron en sus proyectos la voluntad de ofrecer una mejor vida a sus ciudadanos. Y dentro de los más preteridos estaba la gente del campo, quienes morían por falta de asistencia médica, muchas veces sin saber con exactitud las causas, por la ausencia de carreteras y transportes públicos, casi inexistentes en las zonas rurales, lo que impedía una adecuada transportación a tiempo, para remediar cualquier mal.

Dentro de la inocencia común a todo niño de campo, me sentía complacida, vivía como un pequeño pájaro, sin restricciones ni limitaciones, capaz de disfrutar los paisajes y el entorno en su fecundidad infinita, otorgada a todos por igual. A escondidas de mi madre montaba a caballo, mientras ella y mis hermanas lavaban en el río, donde en unión de mis primos y primas nadaba. Subidos en yaguas, que venían a ser los patines de los niños campesinos rodábamos dejándonos caer por las pequeñas elevaciones hasta las pozas de agua. ¡Inigualable diversión!

En este período se fueron formando mi personalidad y carácter, con rasgos que persisten y que me han marcado de por vida, mezcla de la campesina que fui, o que tal vez sigo siendo, con una fuerte herencia paterna en mi conducta; tímida, callada, poco expresiva, de lo que no me ufano pero de lo que tampoco me avergüenzo; un poco llorona aún hoy —quizás porque al ser la menor me habían consentido más— y también inquieta y soñadora, lo que me acerca a mi madre, a la que con el tiempo aprendí a admirar cada vez más, por su fortaleza y espíritu emprendedor.

Si algo o a alguien tuviese que añadir a los que contribuyeron a cincelar los cimientos de mi personalidad, sería a mi maestra María Urquijo y la pequeña escuelita rural de grados múltiples. Por obra y gracia de los buenos oficios de mis padres, la maestra se alojaba en mi casa durante toda la semana, lo que hacía aún mayor el respeto y el amor que llegué a tenerle a la escuela, a pesar de la pobreza que se respiraba dentro de sus humildes paredes, suplida solo por la disciplina de quien se entregaba a una verdadera vocación. Olvidada de problemas personales, mal retribuida, con una hija enferma, pero sin renunciar a la bondad, la maestra María nos abría las puertas al conocimiento y, aunque con obvias limitaciones, depositaba en nosotros la simiente necesaria para borrar la ignorancia y superar la desidia. Cuando mi maestra no podía asistir, la sustituían Úrsula Brito o Gilda Balledor, maestras suplentes y también excelentes seres humanos.

Por supuesto, en este recuento de la niña que fui, no puede faltar alguna imprudencia o travesura. Nunca se me olvidará el día en que vino a la escuela un inspector, con su porte elegante y montado a caballo, a quien invité, con mi inocencia habitual, a que se quedara en mi casa. Un poco asombrado, me contestó que no podía, porque no tenía donde dormir. Sin pensarlo, quizás creyéndome una privilegiada, le respondí que podía dormir en la misma cama en que lo hacía mi maestra. Hay que imaginar las caras de todos, y en particular la de Gilda Balledor, la maestra suplente, solterona por demás, y que en esos momentos era quien impartía las clases y disfrutaba del alojamiento.

Los resultados de mis estudios no se hicieron esperar: creció en mí una gran admiración por todo aquel que supiera más. Llegué a ser una alumna aplicada, si bien callada; con un gran interés por las matemáticas, la poesía y todo lo que fuera lectura, que marcan la iniciación en el conocimiento de otros mundos y nuevas metas a alcanzar. A pesar de disponer de recursos mínimos, los maestros inculcaban un inmenso patriotismo y una ética. Los actos cívicos de los fines de semana, la devoción por José Martí y por nuestros patriotas de las Guerras de Independencia, permanecen en mis recuerdos.

De esa forma simple, se produjo mi acercamiento al saber, suministrado por la naturaleza, la escuela y los principios éticos inculcados también en el hogar, elementos todos que delinearon mi personalidad y mi conducta. Faltaba mucho para avanzar; cuando concluí la primaria el caldo de cultivo comenzaba a fertilizar, reforzado sorpresivamente por una decisión irrevocable de mi madre: trasladarme a la ciudad para continuar los estudios.

Confieso que tuve entonces que enfrentarme a mi primer encontronazo con la vida. Aquella niña libre, que pensaba que vivía en el mejor de los mundos posibles, al toparse con la imposición fuera de toda réplica de que tenía que abandonar abruptamente su casa, se llenó de sobresaltos. Los intenté vencer con la complicidad de mi padre, pero no pude; sin dudas era más fuerte la entereza de mamá.

En aquel tiempo la familia había sufrido su primera diáspora: por lógica de la vida, las hermanas mayores, Lidia y Estela, tenían constituido su propio hogar. Ambas residían en la ciudad de Santa Clara, razón por la cual para mis padres fue mucho más fácil pensar en la posibilidad de mandarnos a estudiar, a mi hermano Orlando, seis años mayor que yo, y a mí, para sus respectivas casas.

Alejada de mis padres, parecía que me enfrentaría a lo peor. Su lejanía me sirvió para comprender la necesidad que tenía de ellos: a tal punto, que en las ocasiones en que mi mamá nos visitaba, olvidaba el cambio tan brusco que había experimentado, me sentía protegida y feliz.

Vivir en una ciudad desconocida y llena de restricciones, aunque fuera una capital de provincia, trastocó por completo mis horizontes; por añadidura, vivía en casa de mi hermana mayor, con costumbres diferentes y con obligaciones que hasta el momento no había tenido. Ella trabajaba y yo tenía que ayudar en la limpieza y en el cuidado de mis tres sobrinos; en fin, un prospecto de ama de casa sin mucha vocación para ello, además de cumplir con las labores de la escuela.

El mayor impacto ocurrió en la escuela. Estaba habituada a mi maestra María, y a su forma de enseñar; todavía no tenía capacidad para apreciar las limitaciones del conocimiento que me había impartido. Me topé con otra realidad a la que fue difícil adaptarme y a asignaturas impensadas, como el Inglés, lengua que sentía tan ajena, que nada tenía que ver conmigo, y así, debo confesarlo, ha continuado siendo.

Por supuesto vencí al miedo, porque al fin y al cabo era una insignificante tormenta a la que poco a poco y sin darme cuenta me fui acomodando y también porque, con la osadía propia de la edad, aprendí a conocer y a valorar las ventajas de la ciudad. Comencé la primaria superior en medio de una gran confusión; al Inglés desconocido se sumó la Música, de la que no tenía idea de que pudiera cursarse como una asignatura más.

No obstante esos primeros tropiezos, que pude en cierto modo vencer con la ayuda de María, me percaté de inmediato de la calidad de los maestros, que me brindaron simpatía y apoyo y fueron adentrándome en nuevos conocimientos. Sin embargo, y por el contrario, las escuelas eran nidos repletos de prejuicios y trabas; separadas por sexo, con apariencia militar y con un concepto autoritario de la disciplina, que llegaban al colmo de cerrar las ventanas, para evitar todo contacto con los muchachos. Así estaban concebidas las llamadas primarias superiores de aquellos tiempos.

Poco a poco fui ganando conciencia de mis limitaciones. No tenía el hábito de visitar la biblioteca y no sabía tampoco buscar nuevas fuentes donde superar mis lagunas, como cuando me hablaban de redactar una composición sobre personajes a los que supuestamente debía conocer, pero de los que nunca había oído hablar, como el escritor y presidente argentino Domingo Faustino Sarmiento.

Así se sucedían los días, hasta que en uno de ellos, por esos azares de la vida, comprendí que nada era definitivo. Mi hermana, la que me había brindado su hogar, enfermó y falleció al poco tiempo. Esta novedad precipitó la decisión de mis padres de trasladarse para Santa Clara.

Aunque nunca pudimos prever que algo así sucedería, lo cierto es que fue la pérdida de mi hermana Lidia la razón por la que tuvimos nuestra primera casa en la ciudad y el motivo del reencuentro de la familia, pues mi mamá se hizo cargo de mis sobrinos. Mi hermano Orlando, el menor de los varones, también retornó al hogar.

Se impuso el tesón de mamá; guardó su dolor y convenció una vez más a mi padre para establecer un nuevo hogar, ya ahora definitivo. Por supuesto, las dificultades económicas no desaparecieron, solo que en esta ocasión fueron mejor sobrellevadas.

Para mí, sentir el cariño y la cercanía de mis padres era el complemento que necesitaba para hacer frente a mis estudios con mayor constancia. En mi papel de «hermana mayor» o casi madre de mis sobrinos, asistía en su escuela a las reuniones de padres, los ayudaba en los estudios, hasta que, contra nuestra voluntad, el varón regresó a casa de su padre, que se había casado nuevamente; una de las jimaguas fue para casa de mi abuela, y quedó a nuestro cuidado solo una de las niñas.

Al concluir la primaria superior decidí estudiar Magisterio, no porque fuera la opción preferida, en realidad me gustaba más Medicina, pero me estaba vedada de antemano ante la escasez de mis recursos. Magisterio era una carrera rápida, se cursaba en cuatro años y permitía comenzar a trabajar una vez graduada, al menos era lo que creía en esa época.

Me presenté a los exámenes de ingreso, que eran muy exigentes, atendiendo al alto nivel de las escuelas Normalistas de entonces. Las lagunas de mi formación académica, lamentablemente, eran evidentes. Si bien en Matemáticas fui la mejor calificación, por mi precaria ortografía no pude aprobar Español y, apoyada otra vez por mi maestra María, tuve que cursar la preparatoria en una academia de las que existían en Santa Clara, para poder presentarme a la convocatoria de exámenes del curso siguiente.

Mientras me preparaba, decidí inscribirme en el Instituto de Segunda Enseñaza, quizás sin tomar en serio las dificultades económicas que siguieron acompañándome, porque el Instituto requería de libros, que había que comprar, y al terminar los estudios no tendría todavía una profesión u oficio precisos. Llena de anhelos y plena de juventud, empezaba en mi corta existencia un nuevo ciclo;

me entregaba al estudio sin permitirme fallar, consciente de que al menor tropiezo todo acababa. Practicaba deportes, voleibol, también softbol —era *pitcher* del equipo, no tan mala, porque me valía de las habilidades adquiridas en mis años en el campo—, aunque tuve que abandonarlo porque me enfermé y mi madre no permitió que siguiera en aquel centro de enseñanza.

Al fin, después de vencer las pruebas de rigor, comencé mis estudios de Magisterio a los quince años y terminé con éxito en 1953, siempre ayudada por mi hermano Orlando, al que le debo un apoyo permanente que he agradecido siempre. Un tío paterno tuvo que asumir los costos de mi graduación. Me sentía satisfecha por haber terminado los estudios y porque con el tiempo llegó a gustarme la carrera de Magisterio y ante todo impartir clases. Ese mismo año matriculé Pedagogía en la Universidad Central de Las Villas, a todas luces una decisión trascendente.

Mi vida en ese período, y yo diría que hasta 1956, se centró en los estudios, en practicar deportes y, como únicos entretenimientos, leer novelas, sobre todo de corte romántico, e ir al cine cuando se podía o al parque, que en los pueblos del interior constituían algo así como una especie de «pasarela». Tuve jóvenes enamorados, pero en realidad nunca sentí la emoción del amor, aunque hice algún que otro ridículo creyéndome enamorada de alguien, al que después descubría en su insignificancia. Esa era la vida de la mayoría de las jóvenes de provincia —en particular, las de mi clase social—: muchas novelas, sueños por conquistar y muchos príncipes azules en la imaginación.

En marzo de 1952, se produce el golpe de Estado de Fulgencio Batista y con esto el primer impacto político de mi vida. Mi hogar no se caracterizaba por ejercer práctica política alguna, aunque mi padre, como la mayoría del pueblo cubano, primero cifró sus esperanzas en el autenticismo (Partido Revolucionario Cubano-Auténtico),[2] en especial, en el hombre que devino un fraudulento connotado, Ramón Grau San Martín, y después en el Partido del Pueblo Cubano (Ortodoxo), en la prédica de Eduardo Chibás y en su lema «Vergüenza contra dinero».[3]

De aquel fatídico 10 de marzo, recuerdo el estupor de todos y los malos presagios que se auguraban con la nefasta presencia de Batista en el poder, la certeza de una mayor corrupción y el entreguismo a los norteamericanos. Por simple curiosidad, al salir de la Escuela Normal, que en aquel entonces se encontraba en la calle Luis Estévez, sin percibir movimiento alguno, me dirigí hacia el Instituto de Segunda Enseñanza, cercano a mi casa, para ver qué pasaba y me encontré con un silencio casi absoluto. Al pasar por el Instituto, aunque no perseguía ningún propósito, sabía que este, junto con la Escuela de Comercio, eran los únicos centros de enseñanza de donde se podría esperar alguna manifestación contraria al golpe de Batista en la capital de la República.

En el año 1953 se perfiló con mayor nitidez el preámbulo de mi despertar político, a medida que conocía del asalto al Cuartel Moncada, el 26 de julio en Santiago de Cuba, y de las noticias conmovedoras que iban llegando sobre el suceso. Irrumpió en la vida de los cubanos el nombre de Fidel Castro, que algunos conocían por su participación en las luchas estudiantiles en la Universidad de La Habana y por su posterior vinculación al Partido Ortodoxo, pero que para muchos era una figura desconocida.

En el sentir de todo el pueblo reinaba un escepticismo muy grande ante tanta politiquería y promesas baldías. No obstante, cuando supe de lo acontecido, sentí la necesidad de buscar información y saber más de Fidel, de aquel hombre que hacía revivir con tanta claridad y visión política las ideas martianas, a las que me sentía tan cercana, y que habían marcado, con tanta precisión, el camino que teníamos que seguir los que conocíamos por experiencia propia las injusticias y desigualdades reinantes.

Pasado el entusiasmo de mi graduación, yo misma sufrí el impacto de lo que significaba no aceptar las reglas del juego imperantes en el régimen para conseguir una plaza de maestra. Además, ¿dónde estaban las escuelas? Era yo la primera que sabía perfectamente que en todos los contornos no existía más que alguna escuelita de grados múltiples.

Transcurrió un tiempo todavía para llegar al verdadero despertar de mi conciencia política, pero de modo paulatino fui encontrando el camino. Y el salto se produjo en el contexto de mi vida universitaria. Sin el título de maestra todavía en mis manos, matriculé Pedagogía en aquella recién creada Universidad Central de Las Villas, que daba sus primeros pasos después de haber estado cerrada como consecuencia del golpe de Estado de Batista, y que trataba de conquistar un espacio en el mundo elitista de las reducidas universidades del país (la Universidad de La Habana y la también recién fundada Universidad de Oriente, en Santiago de Cuba, con muy pocas especialidades al igual que la Universidad Central). Fue noble el empeño de su claustro de profesores, que trató de situarse a la altura de sus congéneres, y es justo destacarlo.

Yo vivía en una permanente carrera contra el tiempo, procurándome la matrícula gratuita que otorgaban a los alumnos de mejor rendimiento, venciendo carencias y fallas culturales de mi formación académica, las que inexorablemente arrastraba; ampliando mis horizontes e inquietudes en la medida en que me adentraba en nuevos conocimientos. Materias como la Psicología me llenaban de placer y dedicaba un mayor espacio a lecturas de contenido y profundidad, aunque tampoco renunciaba a aquellas simplonas y románticas novelas a las que me aferraba casi como a un sueño imposible.

En la universidad encontré amistades nobles, algunas de ellas vinculadas a la Iglesia presbiteriana. Tiempo antes había decidido practicar esa religión, porque estaba más cercana a mi mundo y se me presentaba distinta de la religión católica, sobre todo de la falsedad de su Iglesia, con tanta pompa e hipocresía, hecha a imagen y semejanza de los poderosos. Me parecía que mi agnosticismo podía encontrar respuestas en esta doctrina, que permitía mayor libertad de pensamiento y que se comportaba más acorde con los tiempos, además de contar en su membresía con una composición social más próxima a mis aspiraciones e intereses. De esa etapa todavía conservo dos grandes amigos: Sergio Arce y Orestes González, ministro y pastor presbiterianos, quienes con infinita bondad y comprensión nos brindaban amor a todos nosotros.

Transcurrieron de esa forma otros tres años, en los que el estudio siguió siendo el centro de mi atención, siempre en una perenne cuerda floja, pues la suerte no me había otorgado ningún bienestar económico. Seguía buscando plazas de maestra, escasas o inexistentes, para quienes no entregaban a cambio su cuerpo y su honor. A lo más que se podía aspirar era a un trabajo poco remunerado en alguna que otra escuela privada o impartiendo clases particulares.

Mientras, el ambiente político se iba caldeando cada vez más, crecía la inconformidad y en igual medida la represión. Llegaban rumores de la salida de Fidel de la cárcel Modelo de Isla de Pinos, de la existencia del Movimiento 26 de Julio, de sus primeros pasos organizativos. Se hablaba de la llegada de Fidel a México y de sus declaraciones en las que se comprometía a retornar para hacer a Cuba verdaderamente libre.

El año 1956 fue decisivo para mí. Leí y estudié con pasión las páginas de *La historia me absolverá*, el alegato de defensa de Fidel en el juicio que lo condenó por las acciones del Cuartel Moncada, y sentí que en ese documento se expresaban todos mis ideales y la ruta a seguir para conquistar la plena dignidad patria.

El ambiente de la Universidad se tornaba tenso, a tal punto que al año siguiente fue clausurada una vez más, junto con las restantes. Por supuesto, el descontento se generalizaba en toda la nación y aunque la Universidad de Las Villas no tenía la tradición de lucha que la de La Habana, sus estudiantes rechazaban la dictadura y comenzaban a organizarse para responder con sus acciones a la represión instaurada. Era un proceso natural, que formaba parte de nuestra historia nacional.

Ya para entonces había cursado en solo tres años los cuatro de Pedagogía, porque la universidad, después del primer cierre a consecuencia del golpe de Estado del 1952, no dio vacaciones para poder cumplir con el tiempo establecido.

Una tarde de septiembre, conocí frente a mi casa a Faustino Pérez, que era presbiteriano como yo, hombre noble, de una bondad a flor de piel, quien me inspiró tal confianza, a pesar de mi timidez, que le pedí sin muchas explicaciones ingresar al Movimiento 26 de Julio. Faustino, que en esos días regresaba de México, no dudó ante mi ofrecimiento. Así de simples transcurrían las cosas.

Conocía de Faustino gracias a mis amigas presbiterianas, Esther y Gladys González. La primera era mi compañera desde la Escuela Normal de Maestros y Gladys lo fue en la Universidad. Estudiábamos juntas y compartían conmigo sus libros, además de que en su hogar encontré siempre el calor y el amor de su familia.

Todo se confabulaba en mi entorno. Margot Machado, propietaria de la escuela en la que trabajaba por las mañanas, porque por la tarde asistía a la Universidad, era una activa militante del Movimiento 26 de Julio y con ella, posteriormente, realicé un sinnúmero de tareas como combatiente clandestina del Movimiento, que era el nombre que recibíamos los que luchábamos en la ciudad.

De esa forma sencilla, me incorporé a la lucha. Otro mundo surgía ante mí —siempre lo señalo como mi verdadero nacimiento—, al que me entregué con total dedicación y sacrificio, en consecuencia con mi ser, con mis principios y anhelos. Fue, quizás, por qué no, una de las etapas más felices de mi vida. Surgió así la combatiente...

III

Es difícil explicar por qué me sentía «combatiente». Esa palabra expresaba en síntesis cuánto sentíamos los que estábamos dispuestos a cambiar el estado de cosas, basándonos en la mucha confianza y la fe que depositamos sin reservas en Fidel, y en la disposición que teníamos de luchar para borrar, de una vez por todas, el oprobio y la degradación moral a los que nos habían sumido en aquella caricatura de República que tanto costó al pueblo de Cuba.

Ni dudas ni temores pasaron por mi mente cuando por instrucciones de Faustino me dirigí a la farmacia que se encontraba por el puente San Pedro, en la carretera central, a ver a Santiago Riera —entonces coordinador del Movimiento en la provincia— para informarle de mi incorporación a las incipientes filas del 26. Me inicié en la lucha antes del desembarco del yate *Granma*, que se produjo el 2 de diciembre de 1956 y trajo de regreso a las tierras cubanas a Fidel y sus intrépidos seguidores del exilio en México.[4]

Aunque no había mucha información de cómo y cuándo se iban a desarrollar los acontecimientos, la dirección del 26 en la provincia tomó algunas medidas para apoyar la acción. Mientras Santiago Riera marchaba para Santiago de Cuba a entrevistarse con Frank País y conocer los detalles, un grupo de mujeres en casa de Margot Machado nos preparábamos para asistir en primeros auxilios a los combatientes, en el caso de que se produjese algún enfrentamiento o por si nos necesitaban para otras funciones.

La espera resultó angustiosa, pues comenzaban a llegar noticias sobre los sucesos en Santiago de Cuba. El 30 de noviembre,[5] en aquella ciudad del oriente de la isla, los jóvenes organizados por Frank País se lanzaron al combate para apoyar el desembarco y desviar un tanto la atención de las tropas de la dictadura batistiana. Nuestros compañeros de la dirección provincial, Santiago Riera y Guillermo Rodríguez —que antes había pertenecido junto con

Armando Hart al Movimiento Nacional Revolucionario, encabeza-
dos por el profesor Rafael García Bárcena—, habían viajado para
coordinar las acciones de nuestro grupo en Santa Clara, pero solo
lograron llegar hasta Camagüey, y retornaron sin que pudiéramos
localizarlos para saber qué debíamos hacer.

A fin de cuentas nada se llegó a realizar en Santa Clara. No
había instrucciones precisas de cómo apoyar el desembarco, aunque desde México había llegado un comunicado dirigido a Haydee
Leal, similar al recibido por los compañeros de Oriente. Aun
cuando existía una estructura nacional del Movimiento, faltaba
mucho para que se lograra conjugar y cohesionar la nueva fuerza
combatiente, la que por demás carecía —y en esto me incluyo
entonces— de la necesaria formación sociopolítica para enfrentar la
lucha a una escala superior como la situación requería.

En esos primeros tiempos, la casa de Haydee Leal fue el centro
de reuniones de los compañeros de la dirección del 26 en la provincia y donde se contaba además con el apoyo de su mamá, Luisa
Díaz. Es necesario enfatizarlo, porque no solo los jóvenes estaban
dispuestos a entregarse a la lucha, sino también muchas madres
comprendieron que a ellas les correspondía ocupar su espacio en
ese esfuerzo mancomunado.

De esa manera, llegó el 2 de diciembre y la perenne zozobra
ante las noticias que se divulgaban. Nadie desconocía los embus-
tes y falsedades que la prensa radial y escrita al servicio del régimen trasmitía constantemente; sin embargo, frente a la carencia de
una información legítima, las dudas ante la noticia de la muerte de
Fidel nos llenaban de frustración y amargura. Hasta que Faustino,
otra vez en una visita relámpago a Santa Clara, nos garantizó que el
jefe del Movimiento se mantenía con vida y en pie de lucha, y nos
narró el desembarco del *Granma* por Las Coloradas y el combate en
Alegría de Pío,[6] que provocó la dispersión de los expedicionarios.

En cuanto a mí, aún no sabía que en breve me esperaría un primer intento de bautismo de fuego. El tiempo no ha podido borrar mi asombro cuando me comunicaron que debía ir a conocer a un personaje en la casa de la combatiente y amiga Dolores Rosell (*Lolita*). Era, para mi sorpresa, Gino Done, un expedicionario del *Granma*, que pudo salir del cerco enemigo y se encontraba en la ciudad para participar en algunas acciones de sabotaje; al menos eso fue lo que me informaron.

Gino era un italiano, ex combatiente de la Segunda Guerra Mundial, que como marinero había realizado varios viajes a Cuba —incluso trabajó como constructor en La Habana y en otros lugares de la Isla—, lo que le había facilitado llegar a Santa Clara sin grandes dificultades. La acción que Gino venía a ejecutar antes del 15 de enero, conmigo de acompañante —créase o no— era arrojar en la noche una granada contra el árbol de Navidad que engalanaba el vestíbulo de la sede del Gobierno Provincial. El objetivo de la operación era divulgar la existencia de la insurrección también en el centro del país.

Para entonces ya estaban creados los pequeños grupos de acción y sabotaje, los que en el transcurso de la lucha escribieron páginas llenas de arrojo y coraje. Uno de sus primeros pasos fue el corte del fluido eléctrico para apoyar el lanzamiento de la granada al céntrico Palacio de Gobierno de Santa Clara.

En lo que se refiere a nuestros preparativos —el solo hecho de rememorarlos me avergüenza, aunque en aquellos momentos me sentía orgullosa de que me hubieran seleccionado para realizar tan riesgosa misión—, debía pasar en horas de la tarde por casa de Lolita para buscar la granada, que me llevé en una de sus carteras. En la espera, fui hasta mi casa, y puse la cartera arriba del armario; sin tener la más mínima noción de cómo debía usarse un artefacto como aquel, con gran irresponsabilidad de mi parte, puse a mi familia en riesgo de un percance de previsibles consecuencias.

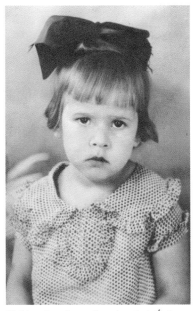

Aleida a los cinco años de edad. Única foto que conserva de su niñez.

Los padres de Aleida, Juan March y Eudoxia de la Torre, en su casa de campo.

Aleida en su adolescencia.

En la casa de sus padres en el campo.

Nombre — Aleida — March de la Torre

Natural de Santa Clara

Prov. Las Villas

Matriculada en primer curso con el número AB 29

en las asignaturas que al dorso se expresan.

Santa Clara, -1 DIC 1949

Firma del Alumna

Secretario.

CARNET DE IDENTIFICACION

NULO SIN EL CUÑO

Firma del Interesado.

Colegio Nacional de Maestros
Normales y Equiparados
Colegio Municipal de Santa Clara

CERTIFICAMOS: Que la Srta.

Aleida March de laTorre
cuyo retrato y firma aparecen al frente, es
miembro del Colegio Municipal de Maestros
Normales y Equiparados de Santa Clara y
ha llenado los requisitos de inscripción co-
rrespondiéndole el No. 816 en el Re-
gistro General de Colegiados, habiendo dado cumplimiento a lo dispuesto en la Ley 10
de 21 de Noviembre de 1946 de Colegia-
ción obligatoria de profesionales no universitarios.
Y para constancia, se le expide el presente
en Santa Clara, a

13 de SEPTIEMBRE de 1954

Decano.

Secretario General.

Carnés de la Escuela Normal.

En 1948, jugando el softbol en el Instituto de Segunda Enseñanza.

En 1953, en la Escuela Normal con algunas compañeras de su curso.

En 1953, Reina de los carnavales en Santa Clara, al finalizar los estudios en la Escuela Normal.

En su graduación, 1953.

En 1955, en la Universidad Central de Las Villas Marta Abreu, donde cursaba los estudios de Pedagogía.

Visita a la casa de su amiga Mercedes López, en Rancho Veloz.

Paseo al acueducto de Santa Clara.

Con sus padres y hermanos en Santa Clara.

En Cabaiguán, después de la toma de Fomento.

Durante la campaña de Las Villas, en Cabaiguán.

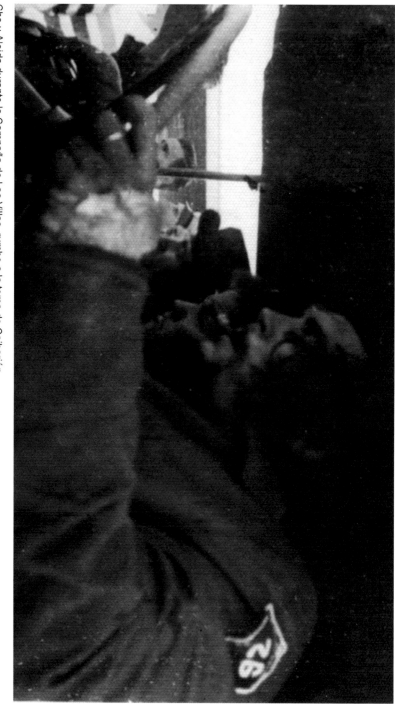

Che y Aleida durante la Campaña de Las Villas, rumbo a la toma de Caibarién.

Camilo Cienfuegos junto al Che durante la ofensiva del Pedrero.

Aleida March con Teresita Orizondo, en la comandancia, durante la Batalla de Santa Clara.

Junto al Che en Radio Nacional de Placetas.

Che, después de la voladura del puente Falcón por las tropas de la Columna 8.

En el cuartel, durante la toma de Remedios.

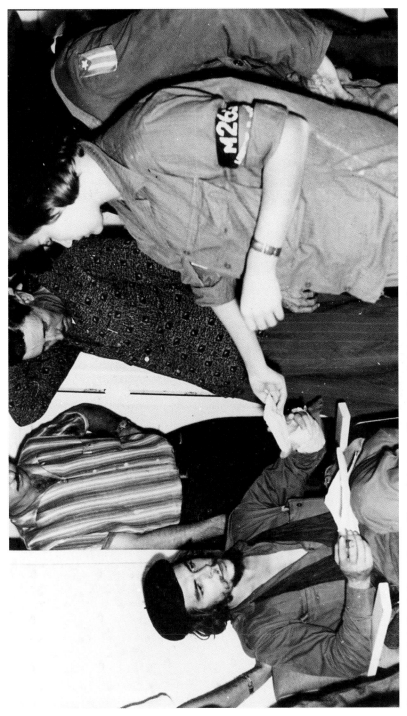

En los altos de la tienda Buena Nueva. Un paréntesis en el transcurso de la batalla en Santa Clara.

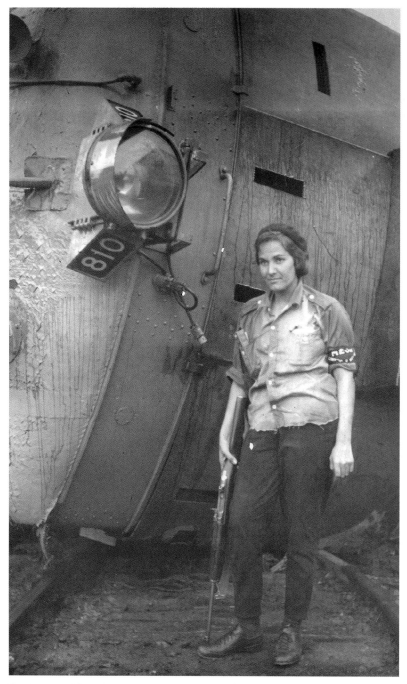
Frente al tren blindado el 29 de diciembre de 1958. Foto tomada por el Che.

Entrada a la ciudad de Santa Clara: «apareció un chino muy joven, fotógrafo, cámara en mano. Gracias a él quedaron nuestras imágenes para el recuerdo».

Durante la entrega del cuartel Leoncio Vidal a las fuerzas de la Columna 8.

Por la noche, como era costumbre caminar por el Parque Vidal del centro de la ciudad, nadie en mi casa se opuso a mi paseo. Me encontré de nuevo con Gino y, armados con la granada en la cartera bajo el brazo, nos encaminamos hacia el edificio del Gobierno en el momento en que se cortaba la electricidad. Cuando nos aprestábamos a ejecutar «el plan», se restableció la luz y tuvimos que retirarnos sin poder hacer nada, solo regresar a casa de Lolita para hacerle entrega de la granada y luego retornar triste y frustrada a la mía. Fue, sin ánimo de sobredimensionarlo, mi pequeña Alegría de Pío.

La comparación, aunque en muy pequeña escala, se debe a que el 5 de diciembre de 1956, en Alegría de Pío, lugar que pertenece a un municipio de la antigua provincia de Oriente, fueron sorprendidos Fidel y el resto de los expedicionarios del *Granma* por soldados del Ejército. Estos acontecimientos los describe con exactitud el Che en *Pasajes de la guerra revolucionaria,* al narrar que después de caminar horas interminables por terrenos cenagosos de agua de mar y de sufrir innumerables calamidades, cuando parte de los sobrevivientes se encontraban totalmente extenuados y muchos habían perdido parte de sus equipos, tuvieron que enfrentarse a un combate desigual, en el que él mismo fue herido. Se produjo la primera acción combativa de lo que después sería el Ejército Rebelde, su «bautizo de fuego», como lo calificara el Che, a pesar de que no culminara en victoria.

Aunque no éramos del todo conscientes, las tareas que nos encomendaban, a pesar de nuestros deseos, muchas veces ponían en peligro la vida de nuestras familias. Hoy repaso con cierto estupor, cómo tuve que mentir para poder salir de la casa, venciendo los obstáculos que por lógica se me presentaban, sumados a la incomprensión de mis padres, que no admitían que una mujer joven se arriesgara y pusiera su moral en entredicho, sobre todo en los primeros tiempos en que no sabían con exactitud lo que estaba haciendo.

A veces los compañeros se arriesgaban a llegarse hasta mi casa para dejar cualquier recado que por la urgencia yo debía recibir personalmente. Mi pequeña sobrina, Miriam, siempre curiosa, se percataba de la visita. Y aun cuando mi madre le advertía que no debía avisarme, ella daba vueltas a mi alrededor, como una mariposa en torno a las flores, hasta que me susurraba con rapidez: «¡vinieron a verte!».

Siempre salía con el pretexto de ir a estudiar a casa de mis compañeras, las González, o por motivos de trabajo, porque en ese tiempo mis padres no podían ni imaginar los peligros por los que podíamos atravesar, incluso ellos. Las fuerzas represivas no tenían límites, aplicaron las más crueles torturas e instauraron las prácticas sanguinarias que se seguirían años después en América Latina; creo que contamos con el penoso lugar de haber sido los primeros.

Esto hace comprensible la razón por la cual mis padres, más tarde, se confabularon para prohibirme las salidas. En realidad, aunque joven, tenía la edad suficiente para decidir mis actos; no quería herir a nadie, pero siempre dejé claro mi lugar y mi decisión. Sé que me apoyaron en lo que pudieron, sobre todo al final; incluso mi madre me acompañó en alguna que otra ocasión, cuando era muy tarde o intuía un peligro real. Claro está, en la medida que el tiempo pasaba se acostumbraban y me ahorraba las explicaciones, para no mentir innecesariamente. Hasta que un buen día no regresé, pero bueno... aquellos fueron otros tiempos.

Teníamos que continuar y perfeccionarnos. Me tocó ejecutar un sinfín de tareas: éramos pocas las mujeres y muy útiles para despistar al enemigo, que cada día se hacía más cruel y despótico. Bajo las órdenes de Margot Machado visité, algunas veces sola y en otras acompañada por ella, lugares claves de la provincia. También trabajé con Allán Rosell, coordinador provincial, y con Osvaldo Rodríguez, jefe de acción y sabotaje, quienes se desempeñaban en esas responsabilidades en el año 1957, porque en realidad siempre actué bajo las órdenes directas de la dirección provincial. En ese año trabajé, además, con Julio Camacho Aguilera y con Raúl Peroso, alguien muy especial y por quien conocí de las actividades de Vilma Espín que, junto a Frank País y a otros compañeros, ocupaba cargos de dirección en Oriente.

En ese bregar conocí a todos los dirigentes municipales del Movimiento y después a los jefes de las regiones, que por entonces eran cinco. Sin duda, el conocimiento que iba adquiriendo y la seguridad en los contactos establecidos hicieron que me utilizaran con mayor frecuencia. De ese modo pude conocer, valorar y participar en los preparativos y planes que la dirección provincial ejecutaba y a la vez dominar el trabajo que desplegaban todos los frentes.

También me tocó atender a David Salvador, encargado de las relaciones con el sector obrero. Recibí órdenes de llevarlo a casa de la suegra de Guillermito Rodríguez para pasar la noche y también a Cienfuegos, donde estableció contactos con miembros del 26 de Julio y del Directorio Revolucionario. Además, en mis habituales recorridos visitaba los municipios de Cienfuegos, Sagua, Placetas y Sancti Spíritus pasando por Cabaiguán y algunas veces tenía que ir a Cruces y Remedios o llegar hasta Yaguajay, con el objetivo de reforzar las tareas que debían realizar los frentes y sectores, ampliar la labor de propaganda y entregar bonos.

En general, existía una creciente actividad en toda la provincia, lo que llevaba a pensar en acciones mayores. Eran los preparativos para el 5 de septiembre, fecha propuesta para el alzamiento en Cienfuegos.

En medio de tanto ajetreo, en mayo de 1957 se produjo la muerte de uno de los hijos de Margot Machado, Julio Pino Machado, junto a otro de los compañeros de lucha, Chiqui Gómez Lubián; fue algo doloroso e inolvidable aquel fatal accidente. A consecuencia de la incorrecta manipulación de un explosivo, se perdieron dos vidas jóvenes y valerosas. Me enteré de lo ocurrido cuando venía de cumplir una misión en Sagua. De inmediato me dirigí a la funeraria. En el entierro, Margot con extraordinario dominio y entereza, pronunció las palabras de despedida del duelo que nos conmovieron a todos.

A pesar de lo ocurrido, los preparativos continuaron. Para esa fecha, Margot me envió a Cienfuegos para traer un fusil M-1, pero algo me alertó del peligro y cuando llegué a Cruces, en la guagua La Ranchuelera, paré en casa de María, una espiritista de la que me valía para simular la razón de mi visita a ese municipio. Era un temor real ante la tortura que sabíamos implacable y cruel, pero sobre todo miedo al Pentotal, esa inyección de la que se servían y que hacía delatar planes y compañeros, con el consiguiente daño irreparable de vidas y proyectos, y la destrucción moral del combatiente.

Arribé a Cruces el domingo en la mañana. Después de tomar las debidas precauciones con mi visita a la casa de la espiritista, fui a ver a Enriquito Cañer, jefe de acción y sabotaje de la zona, que vivía en el batey de un central azucarero cercano y decidió hacer conmigo el viaje a Cienfuegos para recoger el arma y llevarme en su carro hasta Santa Clara.

Regresamos y nos dirigimos a casa de Lolita, donde se encontraban Allán Rosell, coordinador del 26 en Las Villas, Emilio Aragonés, Osvaldo Rodríguez y otros compañeros. Sin tomar muchas precauciones, entregamos el arma. Margot se quería «morir» por nuestra imprudencia. De ese modo, que podría calificarse de feliz irresponsabilidad, cumplimos la tarea. Pasados los años, cuando la propia Margot rememora algunos pasajes de la lucha, recuerda ese momento y, dada la magnitud del peligro, se reprocha el haberme enviado. Sin embargo, considero que había hecho lo correcto, era su deber porque todos éramos combatientes de la lucha clandestina y no podían existir diferencias. Creo que esa entrega y el valor eran lo que más distinguía a los combatientes de la ciudad.

En realidad, los preparativos del 5 de septiembre pasaron por tres etapas organizativas en toda la provincia. En uno de esos momentos, por una traición, apresaron a treinta y cinco combatientes del 26 que se encontraban acuartelados en una casa de Cienfuegos, en espera de la orden de combate. A pesar de las salvajes torturas, ninguno delató el plan del alzamiento y se pudo continuar con los preparativos.

La insurrección del 5 de septiembre no logró alcanzar los objetivos previstos por razones organizativas y logísticas, entre otras; lo que frenó sin dudas la ejecución de importantes acciones en la región de Cienfuegos, que antes del alzamiento se había erigido en un bastión de la provincia. Allí nunca más pudo pensarse en realizar tareas de envergadura como aquella. En la práctica había que comenzar de nuevo a organizar cuadros y estrategias que permitieran continuar la lucha en la región.

Fue una página de osadía y derroche de coraje, en la que participó un grupo de combatientes dispuestos a enfrentar a un enemigo superior en armamentos, pero no en vergüenza y dignidad. Los insurgentes se retiraron solo cuando resistir hubiera sido, más que un acto de heroísmo, un suicidio.

Solo quedaba recomenzar, sin dejarse abatir; avanzar por nuevos caminos. La dirección nacional del Movimiento decidió reforzar la provincia. Julio Camacho Aguilera había sido nombrado coordinador del 26 en la región, sobre todo para organizar los preparativos del 5 de septiembre, y se había marchado después del fracaso del alzamiento. Se incorporaron Octavio Luis Cabrera, en su condición de dirigente obrero, y Raúl Peroso, como jefe de acción y sabotaje de la provincia. Muchos compañeros de la dirección fueron enviados al exilio, a otras provincias o cayeron prisioneros, lo que provocó inestabilidad, una de las fallas que tuvimos que afrontar los combatientes de la provincia.

Mientras tanto se recibió de La Habana una orden de Faustino de contactar con Lázaro Artola, alzado con unos cuarenta hombres en una zona de la Sierra del Escambray. Acompañé en esa empresa a Guillermito Rodríguez, con el propósito de determinar si existían condiciones para preparar un alzamiento del Movimiento en esa región. A la postre, Faustino y otros compañeros decidieron lo contrario; un error que causó más de un problema, además de mucha incomprensión por parte de miembros del 26, que estaban dispuestos a alzarse y a extender la lucha guerrillera en una zona que reunía condiciones ventajosas y que con posterioridad contó con la presencia de otras fuerzas rebeldes. Abrir un frente guerrillero en la zona central era un reclamo además lógico, ya que a muchos se les hacía difícil incorporarse a la lucha en la Sierra Maestra y este podría ser un aporte crucial en el derrocamiento de la dictadura. Por supuesto que muchas de esas contradicciones se debían a la falta de unidad. Todavía no se contaba con una dirección nacional única, la que solo se instauró después de la huelga del 9 de abril de 1958.

No obstante esas contradicciones, sentía cada vez más que mi vida transitaba por un momento de extraordinaria dicha y por primera vez, gracias a mi progresiva participación, experimentaba la sensación de que formaba parte de cruciales acontecimientos. Me sentía orgullosa del papel que las mujeres estábamos desempeñando en la lucha. Conocí de los salvajes asesinatos de Lidia Doce y Clodomira Acosta, leales combatientes y mensajeras intrépidas de Fidel y del Che en la Sierra Maestra. Su ejemplo llegó a impresionarme tanto que, pasados los años, relataba la historia de estas compañeras aún con pasión. El Che me confesó que había escrito el retrato de ellas, publicado en los primeros meses del triunfo revolucionario, pensando en la vehemencia con la que yo se lo había narrado, y también por mi participación en la lucha. Lidia fue una compañera que trabajó bajo las órdenes del Che en la Sierra Maestra con una devoción ejemplar, y se unió a Clodomira para cumplir misiones riesgosas; en una de ellas, como consecuencia de una vil delación, encontraron la muerte. En *Pasajes de la guerra revolucionaria*, el Che les dedicó un tributo: «vengo a dejar en homenaje estas palabras de recuerdo, como una modesta flor, ante la tumba multitudinaria que abrió sus miles de bocas en nuestra isla otrora alegre».

Solo me quedó un resquemor, cuando supe por Margot Machado que Haydee Santamaría había estado en su casa y no la pude conocer entonces, quizás porque se tomaron medidas extremas para su cuidado. Al triunfo de la Revolución pude comentarle a Haydee la desilusión que me causó no poder encontrarla en aquella ocasión. Ella fue un ejemplo a seguir, uno de mis altares mayores; mujer a la que siempre he admirado y que después siguió asombrándome por su valor y fina sensibilidad.

El año 1958 en toda Cuba fue de febril actividad y Las Villas no se quedó a la zaga. Desde el principio se suscitaron acciones de vital importancia: unas orientadas por la dirección nacional del Movimiento y otras decididas por los dirigentes de la provincia, las que sumadas a los grandes avances de las tropas rebeldes y las acciones en todo el país ponían en jaque a la dictadura.

En el mes de febrero, ya teníamos un nuevo coordinador, Enrique Oltuski, de cuya presentación al resto de los dirigentes tuve que encargarme. Comienzan a formarse los frentes guerrilleros del 26 de Julio, que tenían como antecedente el creado en la zona de Quemado de Güines por Víctor Bordón, al que después conocí personalmente por intermedio de algunos miembros de la dirección.

Participé en la constitución de casi todos estos frentes, con el objetivo práctico de determinar las necesidades de avituallamiento, de armas y ropas, y apoyar con cuanto estuviera a nuestro alcance. Recuerdo haber visitado antes o después de la huelga del 9 de abril, a Mongo Pérez y su grupo en San Diego, y a Julio Chaviano en Santo Domingo o en La Esperanza. A Chaviano y a su familia de Manacas ya los conocía desde antes.

Se lograba dar, de este modo, la respuesta necesaria y el relativo balance que se precisaban dentro de las fuerzas guerrilleras ubicadas en las serranías del Escambray. Para esa fecha ya se habían asentado en la zona el II Frente del Escambray y el Directorio Revolucionario. En Jobo Rosado, Yaguajay, estaba el grupo organizado por miembros del Partido Socialista Popular (PSP), dirigido por Regino Machado, al que se integraron órganos del autenticismo y del 26 de Julio, por lo que la dirección del Movimiento suministraba los avituallamientos.

Al unísono, se comenzaban a dar los primeros pasos para organizar la huelga del 9 de abril, orientada por la dirección nacional del Movimiento en todo el país. En los primeros momentos me correspondió llevar a los dirigentes municipales la orden de movilización. No todos se mostraron receptivos; reacción comprensible si se analizan en retrospectiva las dificultades y los errores de concepción, que después se pudieron evaluar con total claridad; a la par de actos heroicos, como los de Sagua la Grande. No sucedió de igual modo en Cienfuegos, donde los combatientes, marcados por la malograda experiencia del alzamiento del 5 de septiembre, se negaban a participar si no se les entregaban las armas suficientes. Los hechos, tristemente, les dieron la razón: las armas ofrecidas desde Santa Clara llegaron tarde y apenas se usaron en las acciones de la ciudad.

El ejemplo más lamentable fue el de los combatientes de Sagua, que tuvieron que retirarse en medio del bombardeo indiscriminado de la aviación enemiga y de la barbarie desatada por la represión que costó innumerables vidas; jóvenes masacrados salvajemente en la dispersión.

Fue un golpe tremendo, que removió los cimientos de la organización del país, a partir del cual se tomaron enérgicas medidas. El mando de la dirección nacional fue asumido, desde la Sierra Maestra, por Fidel, como Comandante en Jefe de todas las fuerzas, incluidas las milicias y las diferentes secretarías del Movimiento, con lo que se consolidó su prestigio y autoridad.

Durante el análisis de las causas del fracaso de la huelga del 9 de abril se pusieron en evidencia las marcadas diferencias en las concepciones tácticas y estratégicas, y el modo de desarrollar la lucha contra la dictadura, entre la Sierra y el Llano, polémica que se mantenía latente en todas las decisiones que se tomaban, pero que se recrudeció ante las fallas de una coordinación general bien estructurada, pero que no fue capaz de movilizar desde las ciudades a todo el país. Muchos fueron los cuadros valiosos que se perdieron, entre ellos Marcelo Salado, jefe de acción y sabotaje, y otros que estuvieron dispuestos a dar sus vidas por alcanzar el triunfo.

Doy fe, como combatiente de la lucha clandestina, de que nuestras fuerzas contaban con valiosos compañeros, abnegados y arriesgados; de que el enfrentamiento en la ciudad se desarrollaba en condiciones muy difíciles, pues no se sabía con certeza quiénes podían delatarte y de que el enemigo se ensañaba despiadadamente sin importarle sexo, edad, ni rango. No creo que las comparaciones beneficien a nadie. Estoy segura, dada mi experiencia como guerrillera, que ambas modalidades de lucha son necesarias, cada una con sus especificidades, y de igual importancia, con independencia de los errores que se hubieran podido cometer en una u otra.

Después de la huelga del 9 de abril, hubo que reorganizar las fuerzas. Algunos combatientes se habían marchado, otros se escondían. Yo —inmediatamente después, siguiendo orientaciones de la dirección provincial— me refugié durante ocho días en la Clínica del Maestro, hasta que se aquietaron las aguas.

Recomenzaba entonces una febril actividad, al enfrentarnos a un enemigo cada vez más enardecido; incluso la violencia se ejercía sin tregua y la experimenté en mi propia familia cuando, a raíz de la huelga del 9 de abril, un primo mío, Laureano Anoceto March y su hijo, Eduardo Anoceto Rega, fueron torturados y asesinados.

Continué en mis funciones de enlace provincial, labor que realicé con Diego Paneque, miembro de la dirección provincial encargado de acción y sabotaje. Cada vez que recapitulo lo sucedido, me llena de desconcierto y a la vez de dolor comprobar que en estos vaivenes de la lucha una tuvo que compartir espacios trascendentes con compañeros a los que entonces sentías como hermanos y después, con el transcurso de los acontecimientos, van siendo decantados. Ése es el caso de Diego, al que consideraba un hombre valiente y leal, que muchas veces demostró coraje y que, sin embargo, al triunfo de la Revolución no supo estar a la altura de las circunstancias y desertó.

Seguíamos con los contactos entre los grupos guerrilleros establecidos en Corralillo, Santo Domingo, San Diego, La Esperanza y Yaguajay. Recuerdo que en mayo o junio visité la guerrilla ubicada en San Diego, donde tuve que enfrentarme a una situación desconocida por mí hasta esos momentos: el bombardeo de una avioneta que trataba de masacrarnos. Tuve que ocultarme debajo de una guásima y experimentar así mi genuino bautizo de fuego; ¡ni hablar del miedo que sentí! Regresamos por La Esperanza con las debidas precauciones hasta llegar a Santa Clara.

En el curso de la ofensiva de las tropas rebeldes, realicé también algunos viajes. Recuerdo los tanques de guerra de la tiranía que se dirigían a la antigua provincia de Oriente; nosotros viajábamos en un auto que transportaba bonos y algunas armas. Fui a Matanzas, a Camagüey y, por primera vez, a La Habana. Pocas vivencias guardo de ese viaje, porque los tiempos no estaban más que para centrarse en las tareas encomendadas. Así era en realidad como actuábamos todos, llenos de entrega y fervor por lo que hacíamos.

Todo el pueblo se aprestaba a acabar de una vez y por todas con la dictadura, que cada día se ensañaba con lo mejor de sus hijos, los jóvenes. Se repudiaban las elecciones amañadas que se proponían realizar el 3 de noviembre. La ofensiva revolucionaria desde las montañas, apoyada por las fuerzas de las ciudades, del llano, hacía imbatible el avance hacia el triunfo.

Al empuje del Ejército Rebelde en la Sierra Maestra siguió la decisión de Fidel de ordenar la invasión de Oriente a Occidente, y repetir así la hazaña de las huestes mambisas en las Guerras de Independencia. Para esta riesgosa misión se valió de los comandantes Camilo Cienfuegos, encargado de extender la contienda hasta Pinar del Río, y Ernesto Che Guevara, a quien le correspondería agrupar las fuerzas del 26 de Julio que se encontraban peleando en las montañas del Escambray, y conseguir la unidad con los otros grupos guerrilleros establecidos por el Directorio, el II Frente del Escambray, la organización Auténtica y el PSP en Yaguajay. Al constituirse un frente único, el Che podría avanzar, tomar las principales ciudades y, al final, hacerse de Santa Clara con el objetivo de cortar las comunicaciones y suministros de las tropas enemigas con el oriente del país.

Primero llegó Camilo hasta las proximidades de Yaguajay, donde contactó con las dos fuerzas guerrilleras formadas por el PSP y el 26. Al recibir la noticia de su arribo, Diego y yo nos trasladamos al campamento. Este fue mi primer encuentro con el legendario Comandante. En un ambiente muy agradable comimos con Camilo y Sergio del Valle, médico de la Columna y su ayudante. Durante el encuentro, discutimos la forma en que se podían trasladar a la zona sur, por Aguada. En otra ocasión fui en compañía de Serafín Ruiz de Zárate para establecer los vínculos necesarios y el apoyo correspondiente; nos quedamos en una casa donde Camilo dormía y a mí me tocó una cama cercana a la de él. No olvidaré nunca sus pesadillas: parecía que seguía peleando con el enemigo. Fue sencillamente imposible conciliar el sueño.

Antes de la llegada de los comandantes Camilo y Che, la situación de los pequeños grupos de guerrilleros era extremadamente difícil. Nunca visité a Bordón en Quemados; sin embargo, con posterioridad a la huelga del 9 de abril, recibí la orden de trasladarlo a Cienfuegos. Su permanencia en la zona se hacía insostenible después de haber realizado la emboscada y ajusticiamiento del hijo del coronel Pedraza, connotado esbirro del SIM, uno de los órganos más represivos del régimen.

Recogí a Bordón cerca del central Washington, por unos cañaverales ubicados entre Sagua y Quemados. Cuando lo encontramos, recuerdo que Bordón me mostró la pistola de Pedraza, que le había quitado al hijo. El arma en cuestión estaba dedicada, aunque parezca inaudito, por el dictador Trujillo, sátrapa de la República Dominicana. No permití que la llevara, por lo peligroso del trayecto, y, sin armas, emprendimos el viaje hacia Cienfuegos.

Allí lo dejé en una clínica, en las manos de Digna Sires, una valiosa compañera del Movimiento en esa ciudad. Más tarde, Ruiz de Zárate y Osvaldo Dorticós fueron los encargados de facilitar el traslado de Bordón a las montañas.

Cumplí varias de estas misiones a lo largo del año, y en medio de un ambiente de riesgo extremo. Estaba ya fichada por los cuerpos represivos del enemigo, e incluso habían ido a registrar mi casa en varias oportunidades, situaciones de las que salí ilesa por pura casualidad, por ineficiencia de los policías, o quizás por ambas cosas. Lo cierto es que mis días en la lucha clandestina estaban contados.

Una de esas últimas tareas se produjo después de las elecciones fraudulentas de noviembre, cuando recibí la orden de subir al Escambray por Sancti Spíritus, con el propósito de entregar dinero de la dirección para apoyar a la guerrilla y también trasladar al doctor Rodríguez de la Vega, médico que debía salir de La Habana, donde se encontraba trabajando con parte del ejército que apoyaba el 26. Con nosotros subieron en esa ocasión Marta Lugioyo, Serafín Ruiz de Zárate y la doctora Graciela Piñera como acompañante, para recibir algunas orientaciones, los nuevos contactos y las órdenes sobre las acciones que debían realizarse.

Esta misión, aunque importante, no dejaba de ser una más de las muchas que me tocó realizar. Sabía que esta vez iba a conocer al Che Guevara. El Che había arribado a las estribaciones del Escambray en el mes de octubre, al frente de la Columna 8 Ciro Redondo —nombrada así en homenaje al destacado combatiente del Asalto al Cuartel Moncada caído en combate en la Sierra Maestra—, que había comandando en el trayecto de la Invasión, desde los ya lejanos días de la Sierra Maestra. Es necesario puntualizar estos detalles porque cuando me dan la orden de subir al Escambray para entrevistarme con el Che, mi motor impulsor era la voluntad de cumplir con la tarea encomendada y encontrarme por primera vez con aquel a quien debía subordinarme, es decir, a mi jefe superior. Por eso, yo me sentía una combatiente más, que cumplía una determinada orden, igual que siempre en esos años de lucha y no tenía ninguna expectativa fuera de esas funciones.

De Ernesto Che Guevara conocía la leyenda que se había extendido por todo el país; de sus hazañas se hablaba casi a diario por la clandestina Radio Rebelde. Los órganos de represión de la tiranía lo catalogaban de comunista, y llegaron incluso a llenar las principales calles de Santa Clara con fotos suyas y de Camilo, con la indicación de que eran buscados para enjuiciarlos. Por cierto, la foto del Che se «alejaba» de la realidad, como después pude comprobar.

El viaje de ascenso al Escambray fue incómodo, porque no podía decirle a nadie que llevaba dinero, para prever un robo o algo similar. El dinero lo tenía pegado al torso con esparadrapos, lo que, ya al oscurecer, hacía más difícil la caminata hasta Gavilanes, que era el primer campamento organizado por el Che en el territorio liberado de Las Villas.

Al llegar me encontré al doctor Vicente de la O, médico responsabilizado en atender a los heridos, y, aún sin poderme quitar los esparadrapos que tenía adheridos al cuerpo, pues seguía con el temor de que alguien me asaltara, pernocté en el pequeño hospital de guerra. Al levantarnos por la mañana, nos trasladamos a caballo hacia El Pedrero, otro puesto de la Columna del Che.

Al anochecer nos dirigimos al lugar donde se encontraba el comandante guerrillero. Comenzó mi primer encuentro con las tropas del admirado Ejército Rebelde. Fuimos atendidos por Oscar Fernández Mell, médico de la Columna, quien seguía al Che desde la Sierra Maestra; por Alberto Castellanos, Harry Villegas y otros, todos tratando de ver las nuevas caras, sobre todo la mía, una de las pocas mujeres, joven por demás, que se les había acercado; incluso los más osados se atrevían a preguntar si era la novia de alguno de los recién llegados.

Oscarito nos llevó para presentarnos. Como era de esperar, el Comandante atendió primero a Rodríguez de la Vega y después a Ruiz de Zárate, quien ya había estado en el Escambray y, al ver que su especialidad en piel no era necesaria allí, decidió regresar a su trabajo en la lucha clandestina, aunque en otra ciudad. Finalmente me tocó mi turno. Yo me encontraba al lado de Marta Lugioyo, abogada y miembro del Movimiento, quien conocía al Che de un viaje anterior. Después de las presentaciones, y en un encuentro aparte, Marta me preguntó qué me había parecido, a lo que sin vacilar le respondí que no me parecía mal y que lo más interesante era su mirada, más bien su modo de mirar. Lo veía como un hombre mayor. En cambio, Marta me dice que tenía unas manos muy hermosas, cosa que yo no percibo en esos momentos, pero que después pude comprobar. Éramos, en fin, dos mujeres frente a un hombre muy atractivo.

Cuando tuve la posibilidad de dirigirme a él, le informé que había venido con una encomienda que debía entregarle. Todavía estaba crucificada de esparadrapos, y fue lo primero que le dije para que me liberara del castigo. Fue el comienzo del primer encuentro...

IV

Lo primero que hice al encontrarme con el Che fue informarle del porqué de mi presencia en el campamento, y liberarme cuanto antes de los esparadrapos que ataban el dinero a mi cuerpo. Enseguida dio la orden de que me ayudaran y sentí cómo al derredor surgían muchos voluntarios con deseos de hacerlo. Oscar Fernández Mell fue a quien le tocó la bienhechora tarea, además de curarme. Sin embargo, ahí no acababan mis bochornos, porque también se me había roto el pantalón al montar a caballo y me estaba cubriendo. También fue Oscarito quien me entregó una aguja para coser el pantalón y poder presentarme ante el jefe, al que de inmediato le entregué los cincuenta mil pesos que llevaba.

Por la noche me indicaron dónde iba a dormir: una hamaca, que por todo el cansancio que acumulaba sentí cercana a la gloria; no obstante, y quizás por todo lo sucedido, no pude conciliar el sueño. Oí unas voces que venían del comedor, y curiosa y falta de disciplina, me levanté y vi al Che hablando con un compañero. Más tarde supe que era Sidroc Ramos, incorporado ya a las filas de la Columna. Aquella imagen de Sidroc nunca se me ha borrado de la mente; me pareció un «ruso blanco», tamaña ignorancia política la mía que contribuyó a «corroborar» lo que se decía de la filiación comunista del Che. Es justo afirmar que en esa época los que carecíamos de una correcta formación política éramos la mayoría y los prejuicios contra el comunismo estaban presentes en casi todos, y yo no era excepción.

Me quedé en el campamento tres o cuatro días esperando cómo salir. Recorría los lugares, siempre seguida por algún que otro combatiente, que indagaba constantemente sobre mi persona, para poder acercárseme con una mayor libertad. Las impresiones que guardo de esos primeros contactos con la tropa rebelde son muy agradables. Sin proponérmelo, comencé a trabar amistad con compañeros que han permanecido a mi lado, en las buenas y en las malas, en todos estos imborrables años. Uno de ellos, hoy general Rogelio Acevedo, al verlo en aquella primera ocasión me pareció una muchacha por su melena rubia y despeinada, movida por el viento; recuerdo que le hice una trenza. También conocí entonces al *Vaquerito* (Roberto Rodríguez), muy simpático y valiente y quien tenía siempre una anécdota a mano para hacernos reír; a Harry Villegas, al que desde siempre le tengo un cariño entrañable, y a tantos otros, convertidos en héroes o mártires de nuestras luchas.

Tuve la sensación de encontrarme un poco insegura, quizás porque ya llevaba mucho tiempo en esas lides de la clandestinidad y había desarrollado un olfato o sexto sentido para detectar cualquier indicio o señal. Y efectivamente estaba en lo cierto; aunque ya era una combatiente fogueada, en el ambiente de la montaña no era más que una insignificante pieza que había venido a cumplir una orden. Permanecer en la ciudad era a todas luces desaconsejable y esa era una de las razones por las que me habían enviado al Escambray. De lo que se trataba ahora era de buscar un espacio como soldado, al menos estas eran mis aspiraciones, y para ello debía plantarme frente al Che y discutir mi futuro.

Lo vi por la noche y comenzamos a conversar. De una forma precisa me planteó que podía quedarme como enfermera en el campamento —siempre buscaba para los recién llegados una tarea específica; no admitía gente. Fui muy concisa en mi solicitud y le expliqué que mis dos años de labor clandestina, según entendía, me daban derecho a ser una guerrillera más.

No admitió mis reclamos y decidió, quizás como una especie de tregua, mi regreso para cumplir varias misiones de vital importancia en aquellos momentos, como era el cobro de los impuestos azucareros. Sin más, retorné al poblado cercano, Placetas, donde me esperaba el vicecoordinador del Movimiento.

Allí se me indicó que debía regresar al campamento guerrillero, porque había sido extendida una orden de detención en mi contra y bajo ninguna circunstancia se podía correr el riesgo de que me apresaran, pues yo, en mis funciones de enlace con todos los municipios de la provincia, poseía informaciones en extremo sensibles y muy útiles para el enemigo. Esa era, con total certeza, la razón principal de mi regreso al Escambray.

En Placetas estuve alrededor de diez días, esperando alguna respuesta y a la persona que me llevaría de regreso al campamento a entrevistarme una vez más con el Che. No tengo que decir que me encontraba muy impaciente, no solo porque pernoctaba en casas desconocidas para mí, poniendo en riesgo la vida de las familias que me ofrecían albergue, sino sobre todo porque estaba ansiosa de participar con mis antiguos compañeros en la lucha que ya se vislumbraba.

Tiempo después, el Che me explicó que creía que la dirección del Movimiento de Las Villas, formada en su mayoría por gente de derecha, me había enviado para vigilar sus movimientos y acciones dada su fama de comunista. De ahí su renuencia a que me quedara en el campamento, desconocedor como era de las verdaderas razones que me mantenían fuera de la ciudad.

Recién tomado Fomento, el 18 de diciembre volví a la Sierra. Me encontré con Bordón, quien me entregó una pistola. Ese gesto simbolizaba el reencuentro y a la vez la voluntad de proseguir la lucha frente al enemigo. Recuerdo también que alguien me mandó a buscar algo de ropa en mi neceser. Fue entonces cuando tropecé con Fernández Mell y Alberto Castellanos, a los que intenté persuadir para que apoyaran la decisión de quedarme, esperando cierta complicidad. Todos estaban de acuerdo, menos el Che.

Más tarde llegó y dio la orden a Olo Pantoja de llevarme a El Pedrero. Por supuesto que subí disgustadísima y me senté en el portal de una de las casas del lugar, que después supe se llamaba

Manaquitas. Al poco rato se me acercó Ernestina Mazón, amiga, compañera de lucha y enfermera que junto a un grupo de técnicos, médicos y otros enfermeros había subido al Escambray en los días de octubre. Todos pertenecían al 26 en la ciudad de Santa Clara. Mi disgusto fue de tal magnitud que esa noche ni me acosté a dormir. Todo el mundo trató de buscarme oficio, a lo que me negué rotundamente. Para colmo, un compañero que había subido a la Sierra conmigo me confesó su interés por mí, lo que hizo mi situación más difícil. Quería perderme de todos esos parajes, aunque siempre conté con el apoyo de compañeros, como mi amiga Ernestina, que sabían que tenía el derecho ganado a ser un combatiente más de la tropa.

Constituido el Gobierno provisional del 26 en Fomento, el Che retornó en la madrugada —eso creí, porque no tenía reloj— para El Pedrero. Fue a partir de ese retorno que comienza nuestra historia en común.

Estaba sentada con mi neceser de viaje en el momento en que pasó el Che y me invitó a acompañarlo, diciéndome «vamos a tirar unos tiritos conmigo». Sin dudarlo asentí y me monté en el *jeep* para, literalmente, no bajar nunca más. Quizás la expresión puede parecer exagerada o un tanto pretenciosa, pero los propios acontecimientos se encargarán de reafirmarla. En cualquier caso, no tuvimos tiempo para detenernos a pensar en lo que mi presencia permanente podía llegar a desencadenar.

El Che iba manejando. Me senté e instintivamente me pegué a él, buscando su protección, porque hasta esos momentos lo seguía viendo como alguien muy mayor que me libraría de las pretensiones de cualquier compañero.

Razones no me faltaban. Valga un ejemplo: en la parte trasera del *jeep* iban Harry Villegas, Alberto Castellanos y Jesús Parra —los mismos rostros que se ven en todas las fotos y con los que siempre me identifican—. Uno de ellos me tocó por la espalda, como una broma, y yo reaccioné con violencia, por lo que nunca más intentaron otro contacto similar.

Después de esa inesperada invitación no hubo tiempo para pensar lo que pudiera significar en el plano personal. Solo se encontraba presente en mí el ansia de contribuir al desenlace de una causa que sabía de antemano ganada ya. Momentos difíciles, imborrables; y otros, muchos, dolorosos, pero siempre acompañados de optimismo y confianza en el futuro. A pesar de todo eso, ¡qué feliz me sentía en esos momentos! No importaba a lo que me tenía que enfrentar; estaba, sencillamente, realizada.

V

Fueron entonces desgranándose los días. La campaña a la que debíamos enfrentarnos los aspirantes a guerrilleros, como era mi caso, y los experimentados, fue sucediéndose en forma vertiginosa, por lo que no podíamos pensar, la mayoría de las veces, en su envergadura. Solo me iba quedando clara una cosa: «la fama» por la que se conocía al Che se diluía, para dar paso a la admiración y el respeto. Poseía una inteligencia y un don de mando que ponía a prueba en forma permanente y de los que emanaba una seguridad y confianza que hacía que la tropa se sintiera respaldada en todo momento, por muy difícil que pudiera parecer.

Era alguien que se enfrentaba a un enemigo superior en hombres y en pertrechos, pero carente de moral para vencer a un grupo de rebeldes. Además de su arrojo, los guerrilleros contaban con la conducción de un jefe con extraordinaria capacidad táctico-estratégica, devenido un ejemplo permanente que irradiaba a los demás.

Los acontecimientos se sucedían como un huracán y ello impedía cualquier reflexión más allá de la guerra misma. Nos convertíamos en una máquina dispuesta al combate como único objetivo, con la ventaja de estar conducidos por un hombre que sabía borrar cualquier duda, con su seguridad y apoyo inquebrantables. Crecía así mi admiración, la que con el tiempo fue trascendiendo más allá de las relaciones afectivas que, sin duda, comenzaron a surgir desde ese tiempo.

En la estrategia dispuesta por el Che, a la toma de Fomento le seguía Cabaiguán. Hacia allí nos dirigimos y, antes de llegar, desde una finca cercana devenida una especie de primer campamento, se hizo comunicación para conocer las circunstancias.

En unas dos horas continuamos la marcha para adentrarnos en el pueblo, donde no había soldados visibles. Nos colocamos en una fábrica de tabacos ubicada a la entrada, y allí se estableció el puesto de mando y las comunicaciones por radio, con el objetivo de agrupar las tropas en situación de combate.

A pesar de lo que estaba ocurriendo a nuestro alrededor, el Che intentaba mostrarme algo de sus sentimientos y lo hacía con la poesía. Después supe que representaba para él una de las formas más hermosas de expresarse.

Estaba parada en la puerta de la fábrica y en ese instante el Che me dijo un poema, que por supuesto no identifiqué. Fue algo así como para que reparara en él, porque en esos momentos estaba conversando con los muchachos. Imagino más bien que deseaba que yo notara su presencia; no la del jefe, sino la del hombre.

Más tarde, entramos al pueblo. Yo lo conocía bien y podía indagar sobre el ambiente reinante. Ya me iba ganando mi espacio y se comprendía la utilidad de mi presencia. Aproveché para ir a casa de unas amigas, y me bañé. No faltó en aquella ocasión la misma pregunta que me había hecho Marta en el campamento: qué me había parecido el Che. Les di una respuesta similar: un hombre mayor, muy serio y de mucha autoridad. Todavía me encontraba bajo el impacto del primer encuentro y respondí lo que en verdad sentía. Hay que tener en cuenta que yo tenía apenas una veintena de años y en esa etapa una tiende a juzgar a las personas que rebasan esa edad como mayores; además de que el Che, por su apariencia, se veía como un hombre más viejo de lo que en realidad era. Así pensaba con el prisma de la juventud, porque sin duda hace mucho tiempo que mis parámetros son más realistas.

Al regresar al puesto de mando, y para mi desconcierto, lo vi con el brazo izquierdo enyesado: durante la toma del cuartel se había hecho una fisura al tratar de saltar por la azotea. Le di un pañuelo de seda negro que tenía en el neceser para que se atara el brazo en cabestrillo. El pañuelo —que con el tiempo devendría una especie de símbolo para nosotros dos en otras contiendas—, fue evocado por el Che en una de sus páginas más impactantes y estremecedoras. Combatiendo en el Congo escribió, con su estilo irónico y sutil, el relato *La piedra*,* en que lo consideró una de sus cosas imprescindibles: «El pañuelo de gasa. [...] me lo dio ella por si me herían en un brazo, sería un cabestrillo amoroso». Pero para que estos sentimientos afloraran se sucedieron un sinfín de acontecimientos.

Sobrepasado el susto por su herida, mi primera reacción fue de reproche por no haberme esperado, pues yo conocía muy bien Cabaiguán y seguro lo habría conducido por un mejor camino. Sin calibrar la magnitud de riesgo de mi determinación, me propuse no volverme a separar bajo ninguna circunstancia de su lado, para resguardarlo. Así lo hice siempre, pensando en preservarlo y protegerlo; estaba confiada, quizás, en que con mi presencia lo lograría.

Continuaron los combates. El Che, al frente de aquella pequeña tropa inicial, silenció a uno de los francotiradores que el Ejército había apostado para repelernos y que nos había causado ya una baja. Se rindió el enemigo y se liberó Cabaiguán el día 23 de diciembre, al mismo tiempo que se tomó Guayos.

---

*   Esta edición incluye, por su valor humano, como anexo, el texto íntegro de *La piedra* en facsímiles.

Después se comenzó la toma de Placetas. De inmediato nos trasladamos para allá. Primero nos situamos en una tienda de víveres del mismo pueblo, entre unos sacos, porque una avioneta bombardeaba la ciudad. Pasamos a una casa cercana a los elevados, donde el Che conversó con Rolando Cubela y Juan Abrahantes, combatientes del Directorio que se encontraban en los alrededores. Más tarde, a pesar del respeto que le tenía y la posible reprimenda por mi osadía, me atreví a indagar sobre aquella entrevista, a lo que me respondió que se había comprometido a entregarles un tercio de las armas, con el objetivo de conservar la unidad.

Me percaté entonces de que su respuesta había sido una muestra de la confianza que habíamos alcanzado. Comenzó de esa forma una empatía que nos fue acercando de manera cómplice, sin que yo advirtiera su verdadera dimensión. Surgió con la espontaneidad que solo lo enteramente verdadero puede propiciar.

Con posterioridad, nos dirigimos hacia el hotel Las Tullerías, donde el Che emprendió febrilmente la preparación de las condiciones para lo que después constituyó una de sus acciones más temerarias: la batalla de Santa Clara. Me dio instrucciones para copiar las claves que había que enviar al capitán Sinecio Torres, que se encontraba en Manicaragua. Fue en esos momentos que comencé a ejercer mi primera función a su lado: fui una especie de secretaria personal, lo que implicó que casi no tuviera que combatir, aunque lo acompañaba siempre.

Nos trasladamos a Remedios en *jeep*; yo, en el medio, como se había hecho costumbre. Las órdenes eran terminantes: quemar el Ayuntamiento, porque las fuerzas de la tiranía no querían rendirse. Este suceso quizás para el Che no tenía el mismo significado que para los cubanos; a nosotros nos recordaba el heroico incendio de Bayamo, en 1868, al inicio de nuestras luchas libertarias —el pueblo bayamés prefirió destruir su ciudad a entregarla en manos del coloniaje español—, lo que avivó más el anhelo de una plena independencia.

El cuartel se rindió y nos aproximamos por atrás. En un jardín, sentado en un banco, se encontraba un soldado rebelde, todo sudado y con el miedo reflejado en el rostro. Cuando el Che le preguntó por qué se encontraba allí, aquel respondió que había perdido su arma. De inmediato le ordenó continuar la lucha y hacerse de un arma de nuevo. A mí me pareció la orden demasiado dura, pero también debí tener en cuenta que eran mis primeros pasos en la guerra.

Ese muchacho sería recordado por el Che años más tarde, en uno de los relatos más conmovedores de *Pasajes de la guerra revolucionaria*, «La ofensiva final. La batalla de Santa Clara»; cuando, ya al calor de la toma de la ciudad, volvió a encontrarlo mortalmente herido, estaba orgulloso de haber obtenido un arma para combatir. En ese escrito, un homenaje a todos los combatientes caídos en las acciones, se refleja la pugna del jefe —estricto, inflexible si se quiere, en circunstancias tan graves como la que narra— y el ser desbordado de humanismo, quizás autorreprochándose la dureza del momento, consciente de que debía ser así, aunque lamentando lo sucedido.

Recuerdo un episodio que era demostrativo del espíritu de nuestra fuerza en esos días. Yo había amonestado a un soldado por estar durmiendo en pleno combate y me contestó que lo habían desarmado por habérsele escapado un tiro. Le respondí con mi sequedad habitual: «Gánate otro fusil yendo desarmado a la primera línea… si eres capaz de hacerlo». En Santa Clara, alentando a los heridos en el Hospital de Sangre, un moribundo me tocó la mano y dijo: «¿Recuerda, Comandante? Me mandó a buscar el arma en Remedios… y me la gané aquí». Era el combatiente del tiro escapado, quien minutos después moría, y me lució contento de haber demostrado su valor. Así es nuestro Ejército Rebelde.

Existe una foto, de esos días tumultuosos, que reproduce el momento en que le estoy mostrando un jabón al Che, con todo lo que eso simbolizaba. En aquellas circunstancias los guerrilleros no tenían tiempo para dormir, ni para comer y mucho menos para asearse. Él no se dio por aludido, dada la inminencia de la salida hacia Caibarién, que simultáneamente había sido atacada en horas de la noche del 25 de diciembre. En realidad, vivíamos días en los que pensar en algo que no fuera combatir estaba de más; agotamiento, hambre y sueño se manifestaron siempre como nuestros constantes acompañantes hasta el final. Así estaba escrito.

Al entrar a Caibarién, nos encontramos con el Vaquerito, quien dirigía «el pelotón suicida» de la tropa. De inmediato le informó al Che que había cercado la calle. Este le increpó el haberlo hecho y le ordenó, además, desmontar la barricada. Entonces se produjo otra de mis afortunadas «intromisiones»: en un aparte le dije que él así lo había ordenado, quizás medio dormido. Para mi asombro, en un tono relajado me dijo que sí, que tenía razón.

He llegado a pensar que ahí comenzó el Che a conocerme verdaderamente y, sobre todo, a valorar algo que consideraba una de mis mejores cualidades: decir siempre lo que pensaba, aunque supiera que me reprenderían por ello. Al menos por ese lado tenía una compañía que, aunque distaba mucho de ser Sancho Panza en sagacidad y sabiduría, le era leal y constante.

La toma de Caibarién difería de las otras, dada su proximidad al mar, y a que frente al fuerte se encontraba emplazada una fragata que había que neutralizar. Hasta que no se hubo rendido el cuartel, su tripulación no se entregó. Pensé que el enfrentamiento sería más largo, aunque por suerte no sucedió así y en eso tuvo mucho que ver el papel tan destacado del Vaquerito y su pelotón «suicida», que derrocharon coraje y decisión.

Retornamos a Placetas, al hotel Las Tullerías, que era nuestro puesto de mando en la ciudad. Entonces se produjo el primer contacto con Antonio Núñez Jiménez, geógrafo, profesor de la Universidad y hombre de izquierda que pertenecía al PSP y que colaboraba con el Movimiento 26 de Julio. Su presencia allí respondía a que el Che, en los preparativos para organizar los combates para la toma de Santa Clara, había solicitado una persona con conocimientos de cartografía para poder establecer el camino más adecuado para tomar la ciudad. A partir de las propuestas valoradas, se tomó la determinación de entrar por La Vallita, lugar situado entre Santa Clara y Placetas, y eludir la carretera central, obstruida por la destrucción del puente Falcón, en una acción que había sido ejecutada por rebeldes de la Columna 8, bajo las órdenes del Che, en los primeros días de diciembre, con el objetivo de impedir el avance enemigo por esa ruta. En esta ocasión la vanguardia de la tropa la dirigió el capitán Manuel Hernández, combatiente que años después, con el nombre de Miguel, acompañaría al Che en la campaña de Bolivia.

Sobre la voladura del puente Falcón se extendió, en forma de broma, una anécdota: el Che, al enterarse de la acción, se acercó al puente que no se había terminado de caer, dio un puntapié e inmediatamente se cayó. Eso bastó para que, en son de burla, los combatientes dijeran que el Che lo había tumbado de una patada. Por cierto, hay una foto donde se encuentra el Che contemplando el puente derribado.

Recuerdo que el 26 de diciembre el Che y yo retornamos a Cabaiguán bastante extenuados. Llevábamos ocho días prácticamente sin comer ni dormir. Nos tomamos una malta, que creo fue el primer alimento serio de esos días; tanto que hoy, a pesar del tiempo transcurrido, no la he olvidado aún. Partimos para encontrarnos con Ramiro Valdés, al que el Che le dio varias instrucciones, una de ellas referida al inmediato traspaso de mando de la ciudad a la autoridad civil conducida por el 26 de Julio. Estaban Allán Rosell, quien había sido coordinador del Movimiento en la provincia en el año 1957, y algunos combatientes de la Columna, entre ellos San Luis (Eliseo Reyes) y Olo Pantoja, los que se encontraban restableciéndose de las heridas sufridas en el combate por la toma de Guayos. Estos últimos combatientes integraron también el grupo de cubanos que lucharon en Bolivia junto al Che.

Aunque, en general, la mayoría desconocía la estrategia que se iba a seguir, en esa reunión quedaron claras algunas de las tácticas a emplear. Ramirito debía marchar hacia el Este, para Jatibonico; Bordón y Chaviano se situarían en la carretera central, dando la vuelta por Cienfuegos, muy próximos a la ciudad, después de destruir el puente sobre el río Sagua y evitar que llegaran refuerzos de Matanzas. El Che se trasladaría a Placetas para preparar la ofensiva hacia Santa Clara. En Placetas lo estaba esperando el resto de la Columna 8 y parte de las fuerzas del Directorio, para ultimar detalles del ataque.

Montados en el *jeep* salimos de la ciudad el día 27 por la noche y llegamos en la madrugada del 28 a la universidad; como ya era habitual, yo en el medio con la escolta de siempre, aunque esta vez sin Parritas, que se había quedado en Placetas; pero con la presencia de Ramirito, quien manejaba el *jeep* en esos momentos y que de ahí se trasladaría para cumplir la misión encomendada. En el camino lo único glorioso que sucedió es que nos comimos entre todos una lata grande de melocotones, que nunca he sabido de dónde salió y que nos supo a manjar de dioses.

Con nuestra llegada a la Universidad Central se constituyó el primer puesto de mando o la comandancia, durante solo unas horas, porque después sería ubicado en un lugar más cercano a la ciudad. Nunca olvidaré esa mañana porque el Che, sin yo esperarlo, me entregó un M-1 diciéndome que me lo había ganado. Si se quiere fue mi primer logro importante como combatiente, porque no se lo tuve que pedir. Él consideró que me lo merecía, lo que, conociendo cómo eran de estrictos sus criterios al respecto, me llenó de satisfacción, y me sentí verdaderamente uno más entre ellos, sin diferencia alguna.

Allí se recibió la noticia de que el grupo comandado por Acevedo y Alberto Fernández ya había llegado a Santa Clara, explorado los caminos que conducían a la ciudad, y había podido conversar con vecinos del lugar.

En la mañana del 28 el resto de la tropa comenzó a penetrar por la carretera de Camajuaní, y se produjo el primer enfrentamiento con el enemigo. Tanquetas del Ejército batistiano estaban emboscadas en las proximidades. Sufrimos bajas: cuatro heridos graves fueron trasladados y colocados en unos bancos largos de mi antigua escuela de Pedagogía de la Universidad Central, convertida en hospital de guerra. Es el momento en que el Che se encuentra con el muchacho al que en Remedios le había ordenado ganarse un arma de nuevo en el combate. El joven estaba mortalmente herido. Buscando identificarse, el Che lo tomó de la mano, y después de hablar brevemente con él, salió muy afectado, lleno de tristeza, habiéndolo dejado al cuidado de Oscarito, a sabiendas de que no había nada más que hacer. Yo, en realidad, no tuve valor para entrar, por el estado en que se encontraban los compañeros.

Al poco rato salimos en el *jeep* rumbo a la carretera de Camajuaní, muy próximos a la entrada de Santa Clara, para conocer personalmente cuál era la situación. Enseguida se percibió que unos francotiradores estaban apostados en la loma del Capiro. Las tanquetas, por suerte, se habían retirado, lo que denotaba la baja moral combativa del enemigo, contrapuesta a la fama que ya precedía al Che. Es cuando Luis Lavandeiro, de origen francés, armado con una ametralladora calibre 30 y con un grupo de rebeldes de la escuela de reclutas, se aproximó, pero al sentir las balas de una avioneta que en esos momentos bombardeaba la ciudad, se tiró a la cuneta.

La respuesta del Che no se hizo esperar. Retó a la tropa a continuar el combate; él mismo cogió la ametralladora y dio comienzo a las acciones. Su actitud fue más bien simbólica, para contrarrestar el pánico, porque de sobra sabía que muy poco se podía hacer con una ametralladora calibre 30 ante los disparos de una avioneta enemiga.

En medio de la confusión de la contienda, por primera vez desde que comenzó la batalla, yo pensé que el Che se había equivocado y, ante un enemigo superior en armas y efectivos —respaldado, además, por la aviación—, puse en duda la posibilidad de la victoria. En realidad creía que tendríamos que regresar.

La precipitación de los acontecimientos no dio lugar para la especulación y continuamos avanzando, yo con el temor de que el Che fuera herido en cualquier momento, lo que por suerte no sucedió. Guardé los miedos y las vacilaciones y me entregué a la lucha con la convicción de que teníamos que vencer. Hasta ese momento, el Che había demostrado que era un jefe excepcional y una vez más lo pudimos corroborar, a pesar de mis dudas que no pasaron de un temor infundado o una simple inexperiencia de guerrillera en ciernes.

Avanzamos hacia la ciudad y pasamos, coincidentemente, frente a la casa de Lolita Rosell. Cuando nos acercamos, ya era 28 de diciembre, día de los Santos Inocentes, por lo que las bromas no se hicieron esperar. Al ver la turbación de mi amiga combatiente clandestina, le comenté que no eran alucinaciones, sino un gran sueño convertido en realidad.

Seguimos rumbo a la sede de Obras Públicas, y ubicamos allí la segunda y definitiva comandancia desde donde se impartieron las órdenes para llevar adelante la ofensiva final.

Por la tarde, en el *jeep* junto con una escolta, retornamos a El Pedrero, zona de total seguridad para los nuestros. Allí asistimos al funeral de un combatiente. También visitamos a José Ramón Silva, uno de nuestros capitanes, bastante mal herido en Cabaiguán y, ya de regreso, a Leonardo Tamayo (*Tamayito*), también herido, pero de menos gravedad. En aquellas circunstancias, recuerdo que volvimos a encontrarnos con mi amiga Ernestina, enfermera de la Columna, a la que el Che le pidió encarecidamente el cuidado de Silva, dado su estado de gravedad.

En el regreso, al atardecer, se produjo lo inesperado. No sé si por la hora o por necesidades de su espíritu, el Che comenzó a contarme, por primera vez, sobre su vida personal. Fue un acercamiento a través del cual me confesaba la existencia de su esposa peruana, Hilda Gadea, que era economista, y de su hija, Hildita —en esos momentos no entendí bien si me decía que de tres o de trece años—. Sobre la relación con Hilda me dijo que cuando salió de México se había separado de ella. Habló de incomprensiones, y por la forma en que lo explicaba me pude percatar de que no la amaba, o por lo menos no sentía lo que significaba para mí el «estar enamorado». Creo que ése no fue realmente el sentimiento que los unió. De esa conversación no pude deducir en su totalidad lo que trataba de expresarme, lo que hizo inclinar mi balanza a favor de ella, sobre todo porque yo era, con mis costumbres y pasiones, fiel defensora de la mujer.

De esa manera me informaba de su estado o condición civil; él estaba tratando de trasmitir sus pensamientos, que no percibí entonces porque, a pesar de haber estado trabajando con muchos hombres durante todo ese tiempo, no era para nada maliciosa y lo entendí como un desahogo.

Por mi parte, todavía bajo la influencia de mis lecturas de novelas románticas —y en pleno fragor de lucha por la libertad de mi patria y de la mía propia—, imaginaba a Hilda como una mujer muy elegante, de fuerte personalidad. No podía ser de otra manera, porque un hombre tan valiente y viril no podía tener a su lado a alguien que no fuera así como yo la imaginaba. Sin embargo, a pesar de mis aprehensiones, me pareció muy solo en esos momentos. Todavía no podía ni siquiera imaginar cuán lleno de amor estaba para con los demás y cuánto quería hacer para lograr la plenitud de esa entrega a los otros. Aun cuando no me lo propusiera, todo aquello me aproximaba, no solo al guerrero que me dirigía en la lucha, sino también, por qué no decirlo, al hombre. Cuando rememoro todo esto, me imagino sola en un auto en compañía de un hombre que cuenta sus avatares en la vida a un soldado que va atisbando lo que los rodea, cuidando la seguridad de su jefe, en una tarde que va muriendo. A modo de paréntesis, con esas confesiones quedaba cerrada esa página para continuar la contienda.

Durante las acciones, desde Cabaiguán o Placetas, íbamos en el *jeep* o en un auto a ver a Camilo a Yaguajay. Eran, dentro de la vorágine, momentos muy agradables y reconfortantes, que contribuían a hermanarnos más aún y a conocernos tal y como éramos: unos, ingenuos y ocurrentes; otros, más tímidos; todos llenos de juventud y dicha por saber que se acercaba el triunfo tan deseado.

Cualquier situación era motivo de alegría. Recuerdo un día que íbamos en el *jeep* con Oscarito, Núñez, su esposa Lupe Velis, y Alberto Castellanos de chofer, y me percaté de que todos se estaban durmiendo, incluso Alberto. Comencé a darle conversación a este y hablamos de las bellezas de Cuba, entre ellas la playa de Varadero. De inmediato, fiel a sus debilidades por las mujeres, me contestó, con ese aire picaresco que lo caracteriza, que lo más bonito eran las mujeres en la playa; que él nada más conocía una en Holguín, Guardalavaca, pero que bastaba. Luego añadió la expresión «¡Qué mujeres!». Esa era la gente que nos rodeaba: sencillos, rudos, pero llenos de respeto y cariño hacia todos sus compañeros. Con la broma logré que todos despertaran, aunque gracias a las risas fuimos a parar a una cuneta del camino. Llegamos felices a nuestro destino, aunque más tarde.

Para finalizar plenamente el día, Camilo estrenó su famoso «tanque de guerra», bautizado con un nombre impresionante: el «Dragón», que contrastaba con su diseño rudimentario.

Por órdenes del Che, uno de esos días, salí en una misión con Villegas, y cuando ya estábamos regresando, muy cerca de la comandancia, vimos los B-26 que volaban rasantes y dejaban caer sus bombas indiscriminadamente sobre la población indefensa: eran los últimos estertores de la crueldad y el ensañamiento. Yo tenía la cámara fotográfica del Che y mi M-1, lo que para nada me salvó del miedo, porque en un gesto involuntario y bastante brusco, me tiré para protegerme, aun cuando Villegas me decía que no había peligro alguno. Con la caída o aterrizaje provoqué lo que para mí fue un desastre: rompí la cámara con el golpe. Era tal mi bochorno, que le pedí a Villegas que no le dijera al Che la forma en que la había roto, lo que cumplió incondicionalmente. No tengo que abundar sobre la amistad y cariño recíprocos que se han mantenido intactos hasta la fecha, desde aquellos lejanos días de complicidad mutua y otros más cercanos, empañados por la tristeza y el dolor.

Al llegar a la comandancia en horas del mediodía, le entregué la cámara a Villegas y me acosté en el suelo a descansar, a punto de llorar, pensando que cuando el Che se enterara me acusaría de cobarde. Por suerte, todo quedó entre nosotros. Saldado el incidente, no le dio importancia o quiso desconocerlo, que era lo más seguro.

Pero ahí no acaba todo, parecía que un maleficio se interponía para dañar mi imagen ante el jefe. En la noche del 29, el Che y yo salimos a caminar por la carretera: él en posición escrutadora, para que no se le escapara ningún detalle y yo, como buena asistente, anotando todas sus instrucciones en una libreta. De pronto me indicó que era necesario buscar un *caterpillar (bulldozer)* para levantar la línea del tren —lo que después provocaría el célebre descarrilamiento del tren blindado del Ejército de Batista. La voz del Che era gutural y, como era tarde en la noche, lo dijo muy bajito. Yo no había entendido nada; además de que no sabía lo que era un *caterpillar* y apunté lo más parecido a lo que había oído. Fue un grave error de mi parte y, al notar mi confusión, me pidió ver lo que había escrito. Para mi vergüenza de toda la vida, leyó: «catres, palas y pilas» y me dijo bromeando: «¡Maestra, pedagoga!». Enseguida le riposté: «Y usted qué quiere, si no sé qué quiere decir eso». Para mi desgracia, no pude tapar el sol con un dedo y a pesar de mi silencio, a partir de ahí, cada vez que sucedía algo parecido, en un tono socarrón, se encargaba siempre de recordármelo. Años más tarde, se lo conté a mis hijos, quienes lo repiten en forma de chanza.

No obstante mi ignorancia, ya por la mañana el *caterpillar* había aparecido, conducido por un civil y con instrucciones de comenzar a levantar la línea del tren. Cuando se dispuso a hacerlo, le dispararon. También hirieron en el abdomen a un señor mayor que había venido a curiosear y que hubo que llevar para la Clínica del Maestro, cercana al lugar.

En medio del tiroteo, comenzamos a buscar de dónde provenían los tiros. En el lugar en que nos encontrábamos había un trípode, un teodolito, que tomé por curiosidad y me puse a buscar en la lejanía, y es cuando nos percatamos de que desde los techos del Gran Hotel (actual hotel Santa Clara Libre), ubicado frente a uno de los laterales del Parque Vidal, se veían unas cositas negras que se movían: eran los francotiradores apostados a esa altura para dominar visualmente toda la ciudad. De inmediato el Che mandó a buscar a un combatiente del «pelotón suicida», y le ordenó levantar la línea. Esto determinó que en horas de la tarde del 30 de diciembre, el tren blindado, último recurso ofensivo de las fuerzas enemigas, cayera en nuestro poder al ser descarrilado.

Antes de que esto ocurriera y después de levantar la línea del ferrocarril, entramos directamente a la ciudad, acompañados de *Guile* (Ramón Pardo Guerra), Harry Villegas y José Argudín. Tomamos por Independencia, la calle central, y antes de llegar a la calle Maceo, apareció un chino muy joven, fotógrafo, cámara en mano. Gracias a él quedaron nuestras imágenes para el recuerdo.

De ahí continuamos y, como a la segunda cuadra, después de Luis Estévez, muy próximo al parque, por la Casa Anido —una tienda de ropa, con sus grandes espejos—, sentimos una tanqueta que disparaba desde lejos.

A pesar del peligro inminente, el Che cruza la calle, casi frente a la tanqueta, y en ese momento se le cae la boina. Argudín subió por otra calle rumbo al parque y yo me quedé un momento parada, más bien paralizada. De inmediato pensé en lo cerca que se encontraba mi casa de ese lugar, pero en segundos me dispuse y crucé la calle para encontrarme con el Che, decidida a no dejarlo solo, porque estaba consciente de que él no tenía idea de dónde se encontraba. Con espanto me doy cuenta de que el Che está regresando para recoger su boina. Para sorpresa nuestra la tanqueta había retrocedido: quizás el enemigo pensó que podía enfrentarse a una emboscada nuestra y decidió no arriesgarse y continuar por otra ruta.

Seguimos juntos sin que ocurriera ningún contratiempo. Fue entonces —según me confesó en uno de los escasos momentos de reposo, mucho tiempo después— cuando se percató de lo que sentía hacia mí, ante el temor que le provocó pensar que me hubiera podido suceder algo. Por supuesto, no era el momento para confesiones, mas tampoco podía impedirse que brotaran los sentimientos.

Después de recorrer muchas calles, se tomó la decisión de continuar hasta la Iglesia del Carmen, para examinar la situación. Allí teníamos a compañeros apostados frente a la Estación de Policía. Viramos hacia donde estaba el tren blindado, ya descarrilado; nos adentramos por el puente y desde allí comenzó el Che a dirigir las operaciones. Una vez tomado el tren, mandó a buscar a Núñez Jiménez y a Alberto Castellanos, con la orden de llevar a los soldados de la tiranía para Caibarién y trasladarlos en la fragata que allí se encontraba.

El Che se comportaba con los prisioneros con total respeto, siguiendo el precepto de nuestro Ejército Rebelde, a pesar de que muchos de los que habían venido en el tren formaban parte de la tropa del sanguinario coronel Sánchez Mosquera, que había asesinado a muchos campesinos de la Sierra Maestra.

De vuelta a la comandancia, continuaron los combates. Llegó el 30, día nefasto, en que salimos de nuevo, esta vez por la carretera de Maleza, para bordear la estación de ferrocarril, desde donde se podía entrar a la Jefatura de la Policía. El Che comenzó a caminar y sintió otra vez a los francotiradores, que le disparaban muy próximo a los pies. Nadie lo seguía. Fueron fracciones de segundos. Cuando lo percibo me uno a él rápidamente y continuamos avanzando, esta vez se encontraba Fernández Mell con nosotros.

Bordeamos la antigua Escuela Normal de Maestros, doblamos por la calle y penetramos por unos huecos que por órdenes del Vaquerito ya se habían abierto en las paredes medianeras de algunas casas, con el objetivo de facilitar el avance de los combatientes de una a otra posición sin salir al descubierto.

Por uno de esos huecos había entrado él mismo, frente a la Estación, y así mismo lo sacaron, ya mortalmente herido. Lo traían entre cuatro compañeros, con su melena de cabellos leoninos ensangrentada. Esa imagen tan impactante la recuerdo con total nitidez. Ante él nos quedamos paralizados. El Che lo examinó y de inmediato le dijo a Oscarito que se lo llevara para la Clínica. Le pregunté si estaba vivo, porque vi cómo convulsionaba, a lo que me respondió que no, que eran solo los estertores de la muerte.

La leyenda popular afirma que el Che cuando lo vio en ese estado había manifestado que su muerte equivalía a la de cien hombres. Yo no se lo escuché decir, pero el sentimiento que produjo la caída del Vaquerito en todos era el reflejo de la admiración hacia este combatiente ejemplar, que tantas veces arriesgó su vida y que no alcanzó a ver el triunfo definitivo, ya tan cercano.

Al instante, el Che continuó conmigo por dentro de los túneles abiertos, hasta llegar al lugar donde cayó el Vaquerito. Ascendió, examinó el lugar e impartió órdenes precisas.

Desde el puesto de mando, el Che dio órdenes estrictas para impedir cualquier acción del enemigo. Acevedo atacó la Cárcel y la Audiencia; Alberto Fernández y Alfonso Zayas —que ya había desalojado a los soldados enemigos del Capiro— combatieron en el cine Cloris, ubicado en la misma edificación que el Gran Hotel, donde ya sabíamos que estaban emplazadas fuerzas enemigas.

De esta forma, con acciones relámpago, que se suceden del 29 al 31, se había descarrilado el tren blindado, tomado la sede del Gobierno Provincial, el Cuartel de Caballitos (policía motorizada), el Cuartel del Escuadrón 31, la Cárcel y la Estación de Policía. Faltaba vencer a las tropas enemigas emplazadas en la Audiencia, el Gran Hotel y el Regimiento Leoncio Vidal.

Del 31 de diciembre al 1ro. de enero se logra asaltar el Gran Hotel, en una de las acciones que me provocó más temor, ante el riesgo de que al Che le pudiera suceder algo. Todo sobrevino a un ritmo acelerado, como era lo normal en ese tipo de enfrentamiento. Nos dirigimos en unos tanques que tomamos en la Estación de Policía hacia el centro, lugar donde se encontraban apostados los soldados del SIM y nos situamos entre el hotel y el parque. Era la primera vez que entraba en un tanque y tuve la sensación de estar en una ratonera.

El Che descendió del tanque y realizó un reconocimiento. Al comenzar a subir por las escaleras, se dio cuenta de que en uno de los escalones había una granada. Buscó otra salida, pasó por una tabla, de una torre a otra, a una altura más o menos como de un tercer piso y logró llegar a la otra torre o bloque. Villegas y yo nos quedamos sentados dentro del cine, esperando órdenes del Che, y aunque no resulte nada valiente ni relevante debo decirlo: por fracciones de minutos, ¡nos quedamos dormidos! El Che regresó cuando los esbirros se rindieron. Los prisioneros fueron encerrados en el sótano de nuestra comandancia y nosotros seguimos al jefe sin abrir la boca.

En la estampida del enemigo se sucedieron hechos dantescos y traumáticos. Cuando Acevedo estaba tomando la Audiencia, con espanto vio que los tanques del Ejército de Batista le pasaban por encima a uno de sus soldados, caído en el combate.

Ante tanta barbarie había que comenzar a actuar con rapidez. Ya en la comandancia, Marta Lugioyo, nuestra compañera, abogada de profesión, redactó las órdenes de fusilamiento, acompañadas del listado con los nombres de los que debían ser ajusticiados por haber cometido crímenes atroces. No se pudo completar la relación, porque algunos de los principales culpables habían logrado escapar; no obstante, la orden de hacer justicia estaba dada, avalada por la realización de un juicio sumarísimo, amparados en el Reglamento Penal no. 1, dictado en la Sierra Maestra.

El 1ro. de enero aún quedaba por rendirse el Regimiento Leoncio Vidal. El Che, para evitar un derramamiento de sangre innecesario, decidió enviar al doctor Rodríguez de la Vega, a Núñez Jiménez y al doctor Ruiz de Zárate a parlamentar con el coronel Hernández, jefe de la tropa enemiga. Le advierten que si a las doce y media no rendía sus fuerzas, comenzaría el enfrentamiento. El coronel respondió con una negativa.

Al cumplirse el plazo establecido, el enemigo envió al comandante Fernández para conversar con el Che. Se le insiste en que el ultimátum estaba dado y en que, de no rendirse, los únicos culpables de lo que sucediera serían ellos mismos. Sin duda, de haberse producido algún combate las bajas iban a ser muchas, porque las fuerzas eran desproporcionadas; los rebeldes contaban aproximadamente con trescientos cuarenta hombres, contra unos tres mil soldados de la tiranía que aunque desmoralizados podían, ante el temor a la muerte, decidir dar pelea. Por fortuna, no llegó a suceder. El enemigo se rindió finalmente, confiado en el honor del mando revolucionario.

El día 1ro. de enero el Che se comunicó con Fidel a través de la radio, y recibió la orden de marchar de inmediato y con celeridad hacia La Habana. Batista y sus más cercanos colaboradores habían huido la víspera y la situación se tornaba cada vez más compleja. Por este motivo se dispuso que Camilo se dirigiera con la Columna 2 Antonio Maceo hacia Columbia, la más importante fortaleza del Ejército batistiano; mientras que la Columna 8 Ciro Redondo, al mando del Che, tomaría la Fortaleza de la Cabaña, a la entrada de la ciudad, desde donde también se dominaba el acceso al puerto y la bahía.

Es difícil reproducir con exactitud todo lo que hice a partir de esos momentos. Sé que el día 2, antes de partir, fui con el Che a inspeccionar la sede del Regimiento Leoncio Vidal. Antes o después, no lo he logrado precisar en el recuerdo, fui a mi casa a ver a mis padres. Reuní algunas pertenencias, pocas, y les comuniqué que seguía hacia La Habana, porque la guerra todavía no había terminado. Mis padres se sintieron muy felices al verme, puesto que lo más importante para ellos era que no había sufrido ni un solo rasguño. Después de saber no sé si por Marta o Lolita, que yo había estado con el Che en la toma de la provincia, se habían preocupado en todo momento y para su tranquilidad la hija pródiga había salido ilesa. Por el momento tenían que conformarse con un adiós. También pude despedirme de Lolita.

Retorné rápidamente a la comandancia. Estaba muy cansada pero al menos limpia y con una ropa un poco más apropiada. Debo confesar que tuve el temor de que en la prisa nadie se acordara de mí y me hubieran dejado atrás, cuando mi mayor deseo y decisión era continuar. Al llegar todo estaba en ebullición y en los preparativos de la salida: nada había cambiado para mí.

Nos dirigimos al cuartel del regimiento donde ya se había establecido el mando del Ejército Rebelde para comenzar a organizar a una parte de la tropa que marcharía hacia La Habana. Partimos en horas de la tarde del día 2 de enero. Situados frente a una alcantarilla, a la salida de Santa Clara, vimos pasar a los rebeldes montados en los camiones que los llevarían a la capital.

Nosotros, como era habitual, partimos en un *jeep* con los compañeros de siempre: Alberto, Villegas, Argudín y Hermes Peña. Detrás, en otro carro, nos seguían Rodríguez de la Vega, Núñez Jiménez y otros que se me extravían en el recuerdo. Fue el estreno de un sueño convertido en realidad...

VI

Siempre que trato de rememorarlo, el trayecto hacia La Habana se me presenta como un conjunto de sucesos no muy exactos. Lo recuerdo como una mezcla de sensaciones entrelazadas con un sueño perenne, fruto del cansancio acumulado, pero sobre todo marcado por los días estremecedores que habíamos vivido. De todas maneras, imprecisos o no, forman parte de un camino que había decidido tomar sin ningún tipo de duda, y se encontraba lleno de expectativas y de emociones insospechadas. Al salir de Santa Clara, en la improvisada caravana, dejaba atrás mis anhelos, algunos hechos ya realidad y que aun cuando carecieran de forma, estaba segura de que su contenido se había fraguado en todos esos años y su incipiente figura comenzaba a dibujarse en pequeños trazos o esbozos.

Al anochecer, se produjo la primera parada para cargar combustible, creo que en Los Arabos —otros compañeros afirman que fue en Coliseo—. Era un lugar que conocía, pues había transitado por allí en tareas asignadas durante la lucha clandestina, pero lo que nunca imaginé es que en ese sitio me aguardaba un suceso que marcaría el resto de mi existencia: la primera declaración de amor que me hizo el Che.

Se sirvió de un momento en que nos encontrábamos solos, sentados en el vehículo. Me dijo que se había dado cuenta de que me quería el día que la tanqueta nos cayó atrás, cuando la toma de Santa Clara, y que había temido que me pasara algo. A aquella confesión inesperada —yo estaba medio dormida—, la tomé como un comentario más, porque a esos requerimientos me había tenido que enfrentar en otras ocasiones y, a fin de cuentas, para mí el Che seguía siendo un hombre mayor y por encima de todo el jefe que me inspiraba respeto y admiración. Él quizás esperaba una respuesta o alguna pregunta, pero en esos momentos de mi boca no salió nada en absoluto; por el sueño o la duermevela, pensé que a lo mejor había oído mal y no quería que me volviera a suceder lo del famoso *caterpillar*.

Volviendo sobre aquel instante, pienso que quizás el Che no escogió el mejor momento para hacer su declaración y me sentí un poco confundida al estimar que no era eso lo que él esperaba. De todas formas, las cosas no pasaron de ahí y proseguimos viaje, pero el primer paso ya había sido dado.

Nos detuvimos en la ciudad de Matanzas, adonde llegamos en horas de la noche. Allí nos encontramos con parte de la tropa de Camilo; y comimos algo, o por lo menos eso recuerdo. El Che habló por teléfono con él —que ya se encontraba en el cuartel de Columbia—, si no me equivoco desde la antigua Compañía de Teléfonos, para informarse sobre la situación en La Habana e intercambiar sobre las instrucciones recibidas. Después proseguimos.

Ya una parte de la Columna 8, con Víctor Bordón al frente, se había ido con la tropa de Camilo, y otra se quedó en el Regimiento de Matanzas al mando de Julio Chaviano con el objetivo de garantizar el orden y la estabilidad, razón por la cual el Che antes de retirarse visitó ese regimiento. Chaviano, días después, viajó hasta La Cabaña para informar al Che sobre la situación en Matanzas.

Esta parte del recorrido hacia La Habana todavía es tema de controversia entre nosotros los participantes. Quizás se deba, entre otras razones, a que la mayoría no teníamos mucha noción del trayecto, dado nuestro origen provinciano. Según la imagen que conservo, continuamos por la carretera central, entramos por el Cotorro, pasamos los elevados, seguimos la avenida del Puerto y el túnel de la bahía hasta llegar a nuestro destino.

A La Cabaña arribamos en la madrugada del 3 de enero. Nos aguardaba el que fungía como jefe de la fortaleza, coronel Manuel Varela Castro, que según tengo entendido pertenecía al grupo de los denominados «soldados puros», junto con José Ramón Fernández y otros. Se le informó al Che sobre la tropa acantonada en el polígono, que estaba compuesta de soldados desarmados, y él decidió no pasar revista. Se dirigió al Club Militar, donde permanecían los oficiales comprometidos y los presos. La oficialidad aún portaba sus armas cortas.

En medio de una asombrosa calma, nos dirigimos a la antigua Jefatura. Después de ordenar algunos detalles y recibir el mando, nos retiramos a la casa del Comandante de La Cabaña, el teniente coronel Fernández Miranda, hermano de la esposa del dictador Fulgencio Batista, quien había huido del país, al igual que todos los más connotados batistianos.

Lo sucedido en esas primeras horas parecía inusual. Ante una fortaleza como aquella, resultaba extraño observar cómo esa masa de soldados se subordinó al mando rebelde sin oposición de ninguna índole. Este hecho nos dijo mucho acerca del resquebrajamiento moral de la dictadura, pero sobre todo de la confianza y el respeto por el nuevo Ejército Rebelde, que contaba con el apoyo incondicional de todo el pueblo.

El Che y todos los integrantes de la comandancia nos ubicamos en la casa de Fernández Miranda y allí amanecimos; la mayoría durmió en el cuarto grande y a mí me dejaron el más pequeño. Dormí pocas horas —el descanso todavía no nos era permitido—; por demás, las dos o tres compañeras que habíamos llegado con la tropa tuvimos que darnos a la tarea de buscar entre la ropa de la esposa de Fernández Miranda, para poder cambiarnos.

En la mañana el Che trabajó en la casa, en una pequeña oficina, para después retornar a la Jefatura. En el trayecto, los que lo seguimos íbamos curioseándolo todo: los jardines, la vista al mar, maravillados de lo agradable del lugar. Éramos los desposeídos, quienes por primera vez nos sentíamos dueños de nuestro destino. Nos enfrentábamos a las primeras brisas. El Che ya había advertido que a partir de ese instante era que comenzaba la verdadera lucha revolucionaria.

Renacía una nueva vida para todos. Al caos inicial se le fue restituyendo el orden y se dieron los primeros pasos para organizarnos, para lo cual se utilizaron otras casas de los alrededores.

El día 5 de enero nos trasladamos en un avión de carga hasta Camagüey. Yo no sabía a dónde nos dirigíamos y mucho menos con quién nos encontraríamos. Durante el viaje, el Che comenzó a dictarme algunos apuntes sobre el deber del soldado rebelde. De esta forma me inicié en mi primer trabajo, todavía sin haberse definido oficialmente. Pero lo más importante era que ya el Che estaba ordenando sus pensamientos, para ponerlos en función de las tareas que sabía imprescindibles para el mejor desempeño del proceso revolucionario.

Yo me quedé en un local dentro del aeropuerto en compañía del comandante Manuel Piñeiro (*Barbarroja*) y Demetrio Montseny

(*Villa*), para después retornar a La Habana junto al Che, quien en realidad había ido a encontrarse con Fidel, en el aeropuerto mismo, para examinar los pasos que se estaban dando y recibir nuevas orientaciones. Existe testimonio gráfico de aquel encuentro de Fidel y el Che, en que se ve que los dos hablan, relajados y satisfechos.

El 7 de enero fuimos en auto hasta Matanzas, donde el Che se reunió nuevamente con Fidel. Me quedé en un cubículo cercano y allí conocí a Celia Sánchez y más tarde a Fidel, a quien el Che trajo para presentármelo.

Era la primera vez que lo veía y lo evoco como si fuera hoy. Para mí, Fidel ha tenido siempre el don de volverme muda. ¿Cuántas cosas le podía haber dicho en ese instante? Pero las palabras no me salían, era como si algo misterioso las retuviera en el corazón. Quizás le podía haber expresado lo que aquel encuentro significaba para mí, decirle que me parecía conocerlo desde hacía mucho tiempo. Además, había sido con él y por él que mi vida tenía un objetivo, algo por lo que merecía vivirse. Y eso que yo ignoraba cuánto habría de agradecerle, no solo por todo lo que le debo en el presente, sino porque de no ser por él nunca hubiera conocido al Che.

Ese mismo día retornamos a La Habana, para esperar el arribo de Fidel el 8 de enero, fecha inolvidable y repleta de emociones encontradas. Vimos la llegada desde las murallas de la fortaleza de La Cabaña, en esa vista panorámica mezclada de mar y oleadas de pueblo.

El orden se fue imponiendo, hasta donde se podía, en un proceso revolucionario que apostaba por barrer el pasado turbulento de una república que nunca pudo alcanzar su plenitud. En medio de esa efervescencia, me encontré poniendo orden a mi vida personal y adaptándome a la capital.

Debía comenzar a hacer cosas normales y cotidianas, como cualquier mortal, o al menos tratar de lograrlo. Recuerdo que decidí vestirme nuevamente como la mujer que era y para ello fui con Lupe, la esposa de Núñez Jiménez, a casa de la mamá de él, que era modista. Primero me hice un vestido a la moda, con tirantes y todo, hasta que poco a poco fui sintiéndome yo misma. También fuimos a la peluquería, y recorrimos el centro de La Habana, tratando de captar y conocer todo lo hermoso y atrayente de nuestra capital.

El Che salía con los escoltas, siempre en mi compañía, para hacer gestiones de trabajo; transitábamos por las calles del Malecón, donde nos perdíamos; al no conocer los lugares, a veces nos parábamos frente a una luz roja, creyendo que era un semáforo y luego nos percatábamos de que era la luz de una farmacia, lo que terminaba en bromas y risas. Parafraseando el título de una película, éramos «unos campesinos en La Habana».

En particular, nosotros actuábamos como dos simples enamorados dejándonos llevar por nuestros sentimientos sin mucha originalidad, solo por puro placer y regocijo. Cuando íbamos en el auto, en tiempos en que aún no era su mujer, me pedía que le arreglara el cuello de la camisa porque iba manejando y él no podía hacerlo o que lo peinara alegando que todavía le dolía el brazo: en fin, el requiebro y la velada insinuación de pedir una caricia, con un poco de socarronería.

De esa forma se colmaban nuestras vidas.

Los amigos de la Iglesia presbiteriana a la que pertenecía, me invitaron varias veces al culto. Asistí un día, fui a la calle Salud, lugar donde se encontraba la iglesia. El Che me llevó en el auto, me dejó en la puerta, y acordamos que dentro de una hora mandaría a recogerme. Resultó un encuentro muy agradable, con muchos amigos y compañeros a los que nos unían momentos imborrables: Faustino

Pérez, Orestes González, Sergio Arce, mi ministro en Santa Clara, y la viuda de Marcelo Salado, entre otros.

El Che siempre se mantuvo muy respetuoso respecto a las decisiones que yo tomaba, aunque, no dejaba de manifestarme lo que pensaba. Mi posterior criterio hacia la religión y su práctica fue un proceso que se produjo paulatinamente y de forma espontánea; para ello contaba con un excelente maestro, además de las transformaciones vertiginosas que se estaban produciendo y que actuaban como el detonante idóneo para propiciar cualquier cambio.

A la iglesia fue a recogerme uno de los escoltas, no recuerdo si fue Villegas, Argudín, Castellanos o Hermes, para después ir a buscar al Che que se encontraba en Ciudad Libertad. Este era un sitio obligado y, muchas noches, en esos primeros tiempos, pasábamos por allí, al igual que lo hacía Camilo por La Cabaña.

Recuerdo que Camilo, para no perder su fama de enamoradísimo, llegó un día a la fortaleza y en ausencia del Che comenzó a preguntarme sobre mi relación con él, a lo que le respondí con un tono firme que era solo su secretaria. Entonces, para salvar la situación, me dijo medio en broma que había venido solo a ver al Che. No pasó de ahí, porque todos lo queríamos muchísimo y lo tomé como una de sus tantas ocurrencias.

En medio de todo, la fortaleza de La Cabaña se había convertido en uno de los bastiones de la Revolución, y el Che comenzaba a perfilarse como uno de sus dirigentes más capaces y carismáticos. De la tropa analfabeta y poco preparada para los nuevos retos, había que comenzar a seleccionar los futuros cuadros que necesitaría el país y para ello había que actuar con firmeza, sin dejarles tiempo libre.

En pocos días La Cabaña se transformó en una gran escuela formadora y se crearon pequeñas fábricas, continuadoras de las fundadas por el Che en la Sierra Maestra y precursoras de su futura labor en el proceso de industrialización del país. Se publicaba una especie de revista con el nombre de *Cabaña Libre*, que en una de sus páginas trataba temas culturales; y se organizaban actos, a los que asistían importantes personalidades de la cultura nacional, entre ellas Nicolás Guillén y la declamadora Carmina Benguría. Era un movimiento incesante, que perseguía como objetivo central la formación del Ejército Rebelde. Se crearon escuelas de alfabetización y seguimiento, con mucho esfuerzo y tesón porque no pocas veces se daban las evasivas e indisciplinas de soldados, que en el combate fueron ejemplo de valentía y coraje y, sin embargo, no eran capaces de entender el porqué de las nuevas exigencias.

Para el Che significaba un doble esfuerzo, porque al enorme trabajo cotidiano se le sumaba su constancia y dedicación por tratar de resumir las experiencias vividas, que sirvieran de ejemplo a los posibles movimientos revolucionarios que, como el cubano, estuvieran dispuestos a iniciar la lucha de liberación nacional.

Esa, quizás, fue una de las facetas que más impacto y asombro provocaba, porque se sabía, hasta el momento, de sus dotes de estratega militar, pero nada acerca de su formación teórica, a pesar de la fama de comunista que se había ganado en algunos sectores.

En realidad, para muchos el discurso que pronunció en la Sociedad Cultural Nuestro Tiempo, a escasos días del triunfo de la Revolución, representó el primer punto de referencia para amigos y enemigos. En esa disertación perfiló con total claridad las proyecciones del Ejército Rebelde, en su condición de vanguardia y de futuros cuadros para la Revolución, además de intentar un análisis en el que trató de acercarse a un enfoque marxista, hasta donde la situación del momento lo permitía. Este fue el preámbulo de lo que más tarde conformaría su legado teórico.

Lo importante para todos era el trabajo enorme y variado que teníamos por delante. En enero se organizaron los Tribunales Revolucionarios y comenzaron los primeros juicios a los esbirros de la tiranía, a partir del trabajo ejecutado por una Comisión depuradora e investigadora, presidida por el capitán del Ejército Rebelde y abogado, el compañero Miguel Ángel Duque de Estrada.

Este ha sido siempre un tema controversial y tergiversado por nuestros enemigos, a pesar de que representó un acto legítimo de justicia revolucionaria, en el que no medió el ensañamiento ni la improvisación. Se actuó con las normas procesales propias de estos casos y recuerdo que el Che, aunque no asistió a ninguno de estos juicios, ni tampoco presenció los fusilamientos, sí participó en algunas apelaciones y se entrevistó con algunos familiares que iban a pedir clemencia, en correspondencia con nuestro actuar humanista y de respeto para con el enemigo, ante una decisión que, aunque justa, no dejaba de ser desagradable.

Oscar Fernández Mell, Adolfo Rodríguez de la Vega y Antonio Núñez Jiménez fueron los ayudantes del Che en La Cabaña. Se creó la Inteligencia Militar, a cargo de Arnaldo Rivero Alfonso, para actuar como una especie de control de la policía sobre los soldados rebeldes.

En cuanto a mí, el cúmulo de trabajo era enorme, porque sobre todo me tocaba atender las necesidades y problemas personales de los soldados, según lo ordenado por el Che, además de tratar de controlar la cantidad de personajes y periodistas que llegaban para intentar verlo.

Existen innumerables fotos de la época que registran la presencia de personalidades nacionales o extranjeras, como Herbert Matthews, Loló de la Torriente y de una corte de mujeres de diferentes estratos y profesiones que solicitaban audiencia para ser recibidas por el Che. El cumplimiento de esas funciones motivó que me ganara la fama de celosa y perseguidora, incluso sin justificación real, además de tener que atender a las futuras novias o esposas de ayudantes y escoltas.

Nos visitaban también combatientes de la lucha clandestina. Yo creo que algunos lo hacían con el objetivo de conocer de cerca al «comunista» que había liberado a Las Villas y otros para ver al que ya era un legendario combatiente, que al igual que Máximo Gómez, el Generalísimo de nuestras luchas libertarias contra la metrópoli española, nacido en República Dominicana, había arriesgado su vida por la conquista de la independencia tanto tiempo escamoteada. Máximo Gómez en su tiempo y el Che al triunfo revolucionario, fueron proclamados, según nuestra constitución, cubanos por nacimiento.

Mi oficina provisional en la residencia era mi propia habitación. Recuerdo que el perro de la casa no soportaba a los soldados. Nunca supe si solo era con los nuestros o si era un rechazo general. Los antiguos moradores no solo dejaron al perro, sino también películas de los niños y de la familia y alguna otra cosa que en la huida no se pudieron llevar. Cuando abandoné La Cabaña para trasladarme a Tarará, llevé conmigo al perrito, que permaneció a nuestro cuidado hasta su muerte.

Comencé también de «tesorera», utilizando un dinero que se tenía en fondo desde la etapa del Escambray, y cuya documentación y registros aún conservo. Aunque parezca sorprendente, esa era la austeridad con que actuábamos: el Che ordenó distribuir diez pesos por cada soldado para sus vacaciones.

De igual forma, yo despachaba toda su correspondencia personal. Incluso recuerdo con nitidez que, aproximadamente el 12 de enero, me dio a leer una carta que le enviaba a Hilda, en la que le comunicaba oficialmente su separación, porque se iba a casar con una muchacha cubana que había conocido en la lucha.

No sé todavía cómo entendí la letra. Le pregunté quién era esa muchacha, y me contestó que era yo. Sin más comentarios, consigné la carta en el aeropuerto como era lo establecido. Por supuesto, la respuesta del Che me impresionó porque quizás era la que esperaba, pero a la vez me preguntaba cómo era posible tal cosa, si ni siquiera me lo había comentado. Muchas veces he pensado que tenía razón cuando me decía que me conocía mejor que yo misma.

Después, vinieron otras cartas, entre ellas la que le envió a su tía Beatriz y que fue tema de bromas entre nosotros, no por la noticia de su separación con Hilda, sino porque su tía, a la que el Che quería muchísimo, había creado un ideal del nuevo amor de su sobrino predilecto, y calificado mi origen social como de «estanciera», a tono con los estratos oligárquicos de su país. Aunque inconsciente, era como una burla. Cuando más tarde conocí a los padres, en el aeropuerto mismo, el papá del Che lo primero que le preguntó fue si yo era la estanciera.

Ya para esa fecha todo había cambiado en nuestras vidas. Un día de enero, en un viaje que hicimos a San Antonio de los Baños, íbamos en el asiento de atrás y el Che me tomó la mano por primera vez. No mediaron palabras; sentí que el corazón se me había salido de lugar, no sabía qué hacer ni qué decir, pero me di cuenta de que estaba enamorada, sin dudas de ninguna índole.

Por eso, en ese enero inolvidable, cuando entró a mi habitación de La Cabaña, descalzo y silencioso, se consumaba un hecho más que real y que en tono de broma el Che calificó como el día de «la fortaleza tomada». Empleó esa expresión como un símil, porque a toda fortaleza, para tomarla, primero se le hace un cerco y, poco a poco, después de estudiar sus puntos débiles, se decide el ataque. En realidad eso fue posible porque yo estaba mucho más enamorada de lo que pensaba y, así de simple, «me rendí» sin resistir y sin dar batalla alguna.

Los acontecimientos se precipitaron. Llegaron sus padres el 18 de enero y fuimos a recibirlos al aeropuerto. Enseguida el padre le preguntó quién era yo, y fue cuando el Che me presentó como la mujer con la que se iba a casar. Más tarde, nos trasladamos para el hotel donde se alojarían. Fue en realidad muy emocionante, porque el Che respiraba felicidad por todos sus poros desde el mismo momento en que los vio. Existen fotos y una pequeña filmación del encuentro en que aparece el Che con una expresión de alegría y sentimientos desbordados, después de tantos años de separación. Durante la estancia de sus padres visitamos Santa Clara y también El Pedrero, aquel lugar que para mí marcó el momento decisivo, donde el Che me invitó "a tirar unos tiritos" para no separarnos nunca más.

En el orden personal no todo ocurrió felizmente. Se anunció la llegada de Hilda, entre toda esa efervescencia, en la vorágine de lo cotidiano, donde no había un hogar constituido. Vivíamos una vida de cuartel. Todavía los soldados de Batista eran nuestros cocineros, los que hacían los mandados y la limpieza, entre otras tareas. Y el Che estaba enfrascado en sus primeros intentos por aprender a volar una avioneta con Eliseo de la Campa como su profesor, quien fue siempre su piloto, además del dueño del aparato.

De repente, llegó la noticia de que Hilda estaba por venir. El Che, que tenía un viaje programado para ir a Isla de Pinos, al enterarse fue a mi habitación para decírmelo. Yo, enferma con rubéola, estaba acostada. Me invitó a que lo acompañara. En el acto me vestí y me marché con él.

Alberto Castellanos fue a recogerla. Los padres del Che la estaban esperando. Al regreso no fuimos presentadas y al pasar por su lado le hice un examen visual. Fue cuando se vinieron al suelo todos mis cálculos anteriores y se reforzó mi ego, al convencerme de que la persona que tenía delante no podía ser en modo alguno mi contrincante. Solo restaba que el Che decidiera.

En esos momentos me sentí menos culpable, si es que llegué a tener alguna duda, porque probado está en las cartas escritas por el Che a su familia desde México, cuando yo no era ni un sueño, que había decidido romper sus vínculos con Hilda. Solo había que salvar algún que otro escollo puesto por ella. La pugna era lógica, si a la luz del tiempo lo analizo con más serenidad y perspectiva, aunque, en aquellas circunstancias no lo percibía de igual modo. La vida continuó su curso normal. Íbamos con bastante asiduidad al recién nombrado Habana Libre (el moderno hotel Havana Hilton, en pleno centro de la ciudad), especie de Cuartel General de las tropas rebeldes, por decisión de Fidel.

Uno de esos días, en que el Che solía reunirse con Fidel en el hotel, yo me quedé en la habitación, recostada en la cama, conversando con Celia Sánchez y Pastorita Núñez. Fidel entró y me dijo que estaba ocupando su lugar. Me quedé paralizada y me levanté inmediatamente. Fue una broma, pero en esa época yo no lo conocía bien y lo interpreté como un regaño. En definitiva la habitación siempre estaba repleta, porque iban muchos compañeros que ocupaban distintas responsabilidades a recibir órdenes o indicaciones y debían esperar pacientemente. Recuerdo que en una ocasión se encontraba Augusto Martínez Sánchez durmiendo en el suelo, mientras aguardaba su turno.

Otro día, mientras esperaba sentada en una silla al lado de la puerta de salida de la habitación, Fidel salió precipitadamente con su escolta y al verme sentada se detuvo un momento, me miró reconociéndome y me preguntó, un poco para cerciorarse, si yo era la muchacha del Che. Como es de suponer, la pregunta no me agradó y, cortante, le respondí lo habitual, que no, que era su secretaria. A veces decía que era su ayudante, pues no era militar, era simplemente una guerrillera reconocida por todos los combatientes y que tenía como jefe al Che. En realidad, esa falta de definición formaba parte de lo mucho que teníamos que aprender todos respecto a categorías y mandos.

En La Cabaña recibí un estímulo personal de Armando Hart, en aquel entonces nuestro joven y talentoso ministro de Educación. Muchos conocían que yo había cursado el último año de Pedagogía en la Universidad Central de Las Villas, por lo que Armando decidió otorgarme el título de Doctora en Pedagogía, avalado con una «tesis práctica» sobre la mujer en la sociedad, ganada meritoriamente en la guerra. Tengo que confesar que lo acepté con mucho agrado porque creía merecerlo.

Dentro de la intensidad de sucesos, puedo reconstruir nítidamente la visita de extranjeros, entre ellos unos haitianos que conversaron largamente con el Che, en busca de apoyo cubano en sus intentos por derrocar el régimen dictatorial de Duvalier. A la luz del tiempo, puedo entender que en ocasión tan temprana como febrero de 1959, se dieran los primeros pasos para conocer y colaborar con los movimientos de liberación, así como con las fuerzas progresistas del mundo, de lo cual fui testigo privilegiado.

A raíz de aquellas conversaciones con los haitianos, el Che me envió a la zona de Sumidero, en Pinar del Río, en compañía de Hernando López, capitán que se nos había unido en La Cabaña. Hernando era un compañero de la lucha clandestina en La Habana y conoció al Che en Fomento, adonde había sido enviado por el Movimiento 26 de Julio para tratar asuntos de propaganda. Existen fotos de su viaje a Fomento en los días finales de la toma de esa ciudad y siempre ha lamentado no habernos podido acompañar en toda la campaña de Las Villas. Tanto Hernando como su esposa, Gloria Pérez, se mantuvieron trabajando a las órdenes del Che hasta la partida de este al Congo.

Así llegó febrero y con él mi cumpleaños, que no fue muy agradable. Ya el Che presentaba los síntomas de un enfisema pulmonar, secuela de los tiempos difíciles de la guerrilla y de lo agitado de los primeros días del triunfo revolucionario. Ese día vino a felicitarme Lolita Rosell. Yo me encontraba en el cuarto del Che sentada a sus pies, conversando. Nada nos dijimos mi amiga y yo para entendernos, la atmósfera de intimidad hablaba por sí sola.

Con posterioridad, en los primeros días de marzo, nos trasladamos para una casa en Tarará con el propósito de que el Che se recuperara, lejos de tanto trajín e infinitas tareas. Nos acompañaba su escolta, a la que consideraba mis hermanos y a la que muchas veces tuve que defender ante alguna que otra indisciplina, en una especie de complicidad colmada de afecto. Yo entendía que no eran nada más que jovencitos, campesinos, muchos de ellos de las zonas más recónditas del país, que no salían de su asombro ante esa Habana majestuosa de noches interminables y mujeres hermosas que los elevaban a lo más cercano de la gloria, y para tratar de alcanzarla, tarde en la noche se llevaban el auto, y lo dejaban correr loma abajo para después echarlo a andar. Cuando el Che me preguntaba si había sentido algún ruido, imaginando tal vez lo que estaba sucediendo, se encontraba con mi negativa por respuesta. No creo que me creyera del todo, pero lo dejaba pasar.

Tampoco yo estaba exenta de locuras. Seguía manejando sin mucha pericia, y muchas veces me acompañaba Roberto Cáceres, *El Patojo*, guatemalteco amigo del Che de sus tiempos en México, recién llegado a Cuba y que con posterioridad murió luchando por la liberación de su país. Todavía eran tiempos románticos, marcados por el sello de la juventud, y hacíamos cosas que quizás en otras circunstancias no las hubiéramos hecho: una campesina y un guatemalteco conduciendo un inmenso Oldsmobile de la época, sin la menor idea de cómo llegar a los lugares, pero que al final, confiados en la «sabia intuición», lo lograban.

Hubo momentos de bromas y de sucesos inolvidables, como cuando a Eliseo, el piloto del Che, se le ocurrió aterrizar en pleno Tarará para asombro de todos, y un sinfín de cosas más que, miradas a la luz del tiempo, me hacen recordarlos a todos, a Villegas, a Hermes Peña, a Argudín, a Castellanos y a otros, con sincero y entrañable cariño.

La famosa casa de Tarará —que motivó una carta irrespetuosa y con toda maledicencia hacia el Che, publicada en la revista *Carteles*, y debidamente respondida por este—, era una casa diseñada con muy buen gusto, aunque lo más significativo era que había pertenecido a un inspector de aduana vinculado a la dictadura, que supuestamente solo devengaba un modesto sueldo. La pregunta era de dónde había salido el dinero para esos lujos en la playa; así vivían los usurpadores del dinero del pueblo.

Aunque no fueron nada más que dos meses y días los que vivimos en esa casa, recapitular ese tiempo me complace extraordinariamente porque, aunque no llegó a ser un hogar definitivo, ni tan siquiera de descanso propiamente «no nos bañamos ni un día en la playa», nos sentimos más cerca uno del otro y pudimos tener mayor intimidad. Allí recibí el primer regalo que me hizo el Che: un frasco de perfume Flor de Roca, de Caron, que por supuesto no se me olvidaría nunca. Esto no significa que tuviéramos muchos momentos para nosotros, ya que constantemente llegaban compañeros a trabajar en tareas que no esperaban para su ejecución, o familiares de los fusilados y hasta la cuñada del «ilustre propietario» de la casa, porque cuando era habitada por su ex dueño nunca la habían invitado.

No obstante, era una casa confortable que permitía que el Che pudiera realizar los despachos desde su habitación. Al no poder viajar diariamente a La Cabaña, podía permanecer acostado todo el tiempo y a mí me permitía moverme con entera libertad. Se respiraba un aire diferente y más elegante y cómodo que allá, al estar la casa rodeada de grandes ventanales con cristales opacos y tener mucha ventilación, porque estaba situada en una pequeña colina.

En los bajos, entre otros detalles, tenía un despacho pequeño, apartado y situado en el extremo. En los altos, en la amplia habitación ocupada por el Che, había muebles de cuidadas líneas, un sofá pequeño a rayas y un vestidor grandísimo. Al lado había un gran cuarto de baño enchapado en mármol, unido a un *closet* vestidor. Después venía otra habitación, que era mi cuarto, porque como no estábamos casados oficialmente, debido a mis rezagos y tabúes, aparentábamos dormir separados. Al final del pasillo, y a todo lo largo, había un gran cuarto donde se quedaba la escolta, y un pequeño *pantry*.

Al bajar nos encontrábamos con el salón, lugar histórico, del que se conservan fotos, porque en él se discutió, se preparó y se redactaron las innumerables versiones de la primera Ley de Reforma Agraria; después, el comedor recubierto con madera y una cocina moderna que daba al garaje, donde recuerdo había una pequeña bodega, para complacer el gusto de los antiguos moradores.

En aquella época nos acompañaban Téllez, del Sol, el cocinero Díaz y, además, Castillo, todos provenientes de La Cabaña. Algunos de estos compañeros formaron parte de la guarnición permanente de nuestras diferentes casas. Allí también el Che tenía implantado un régimen de disciplina, con maestro y todo, para que los soldados de la escolta continuaran sus estudios.

Claro que todo no siempre transcurría con total comprensión. En uno de esos días se recibió una visita de compañeros nicaragüenses y para mi sorpresa el Che me mandó a salir de la reunión, cosa que no entendí porque lo habitual era que yo estuviera presente, como había sucedido con dominicanos, panameños y haitianos. Cuando salí, comencé a llorar y a poner en duda la confianza que me tenía el Che.

Después me explicó que iba a ser una reunión muy compleja, donde tenía que decir cosas muy desagradables que no quería que yo presenciara, porque ellos se iban a sentir muy abrumados. Estaba realmente apenado, pero de paso me sirvió para entender el alcance futuro de esas actividades.

Si algo me reprocho en la actualidad es no haber tenido mayor perspicacia para vislumbrar ese futuro y no haberme preocupado por dejar constancia de esos hechos, al menos aunque solo fueran breves apuntes. Claro está que ninguno de nosotros medía la magnitud y el significado real de lo que estaba ocurriendo y la trascendencia de esos contactos en la preparación de los grupos que encabezarían los movimientos de liberación en nuestro continente. Como no recibí tampoco la orden de tomar notas de esos encuentros y reuniones, a pesar de que siempre estuve presente, tengo que lamentarlo más que nunca ahora que quiero contarlos y soy consciente de las limitaciones de la memoria debido a los años transcurridos.

Mientras tanto, en Tarará cobraba forma una de las leyes más esperadas por el pueblo cubano: la Ley de Reforma Agraria. Muchas razones explican que el Che fungiera como una especie de coordinador del proyecto porque, desde la Sierra Maestra, Fidel le había encomendado a Sorí Marín y a él ese trabajo, además de que al llegar al Escambray la aplicó en los territorios bajo su mando.

Esas reuniones se hicieron cotidianas durante muchas noches, Fidel asistía en la medida que el tiempo se lo permitía, sobre todo porque en esa época vivía en Cojímar. Asimismo iban Raúl y Vilma, Núñez Jiménez, Oscar Pino-Santos, Alfredo Guevara, entre otros, para darle forma final al documento que se presentaría en mayo de ese año.

También frecuentaba la casa Carlos Rafael Rodríguez, lo recuerdo muy bien; se pasaba prácticamente la noche discutiendo con el Che y le tomaba a veces hasta la mañana. Estaba presenciando el preámbulo de lo que con posterioridad devino una de las polémicas teóricas más significativas realizadas en el mundo socialista y en la cual ambos fueron protagonistas de primer orden aunque, por supuesto, faltaba mucho por definir y hacer.

No todo sucedía apaciblemente, y en Tarará me enfrenté a la ilusión de mi primer embarazo, pero también a su pérdida y a la incomprensión del Che. Había ido a una actividad en el Capitolio, me caí y por la noche comenzaron unos sangramientos que provocaron que al otro día tuvieran que realizarme un legrado. Asistí al hospital en compañía de Fernández Mell, porque el Che no quiso acompañarme. Después comprendí sus razones, porque de ir nadie hubiese podido evitar el revuelo que siempre se formaba cuando detectaban su presencia, todos lo rodeaban y era casi imposible actuar con naturalidad.

Ese hecho circunstancial lo disgustó muchísimo. Pensaba que yo, al no estar casada, lo había provocado por mi prurito. No pude convencerlo de lo contrario. Esto impidió que saliera de nuevo embarazada hasta pasados ocho meses, entonces le gastaban bromas como que se parecía al Sha de Irán, que no podía tener hijos. Esta pequeña tormenta se produjo en ocasión de la visita del viceprimer ministro soviético Anastas Mikoyan, en los inicios de 1960.

A finales de abril el país se encontraba en plena ebullición porque se iba a festejar, por primera vez en la historia de Cuba, un Primero de Mayo colmado de júbilo y de verdadera expresión obrera. Ya para ese entonces el Che se encontraba recuperado de su enfermedad, razón por la cual pudimos trasladarnos a Santiago de Cuba para conmemorar la fecha en compañía de Calixto García, Manuel Piñeiro y otros compañeros de la dirección de la Revolución.

A pesar de los años transcurridos, todavía conservo claramente la imagen de un pueblo que desfila con alegría desbordante de modo que por primera vez se podía vislumbrar el mañana. Los soldados rebeldes marchaban no con fusiles para reprimir a las masas como sucedía antes, sino mezclados en una ola humana, con instrumentos de trabajo, dispuestos a enfrentar la construcción de una nueva patria. Era la expresión verdadera del pueblo uniformado decidido a defender sus conquistas.

Sería el 3 de mayo cuando nos trasladamos a Las Villas, pasando por Sancti Spíritus donde nos encontramos con Camilo; ése fue el momento en que ambos se intercambiaron la boina y el sombrero, una imagen tantas veces reproducida que fue captada por uno de nuestros reporteros.

Tuvimos un encuentro con mi familia, a la que no había visto con mucha asiduidad, e incluso me quedé por unos días. En otra ocasión volví sola y el 29 de mayo, no se me olvida la fecha, el Che me fue a buscar con la noticia de que Hilda ya había firmado el divorcio y de que debía comenzar los preparativos para el casamiento. Así se lo informó también a mis padres. Nos marchamos juntos hacia La Habana, esta vez para una nueva casa, una especie de finca de recreo que habíamos alquilado a la salida de Santiago de las Vegas, lugar apacible y a la vez idóneo por su relativo alejamiento de la ciudad.

Después regresé a Santa Clara para mandarme a hacer, con una modista amiga, el vestido de boda, algo muy simple como es de suponer. En ocasiones, cuando viajábamos a Santa Clara me quedaba a dormir en casa de Lolita para evitar que mis padres se sintieran lastimados en sus tradicionales convencionalismos.

La boda se produjo el 2 de junio en La Cabaña. Pensábamos hacer una ceremonia muy austera, porque incluso Hilda le había pedido al Che que no fuera la prensa. Pero cuando Raúl Castro se enteró se dio a la tarea de organizar la fiesta. Me vestí en casa de Lupe y nos casamos en la de Alberto Castellanos, que continuaba viviendo allí. Todo fue muy sencillo, se invitaron oficialmente a muy pocas personas. Nosotros, en un cálculo equivocado, creímos que no iba a hacerse ningún tipo de brindis y que solo asistiría un pequeño grupo de amigos.

Se complicaron las cosas, porque en la boda estaban los confabulados en el plan, Raúl y Vilma, Celia y sus hermanas, mi familia y algunos amigos de Santa Clara, además de compañeros de la Columna. Más tarde llegaron Camilo, Efigenio Ameijeiras, que era el jefe de la Policía —a quien multaron por exceso de velocidad— y otros que, aunque yo no los conocía de antemano, asistieron y firmaron como testigos. Pero a Fidel nadie se lo había dicho, por la forma un poco clandestina en que se había preparado la fiesta y llegó quejándose de que no lo habían invitado; también firmó, aunque se retiró al poco rato. Así transcurrió todo y, para colmo, al otro día apareció en primera plana de todos los periódicos.

En realidad, la boda para nosotros dos era un acto natural y la culminación de una primera etapa en nuestras vidas, breve, marcada por su intensidad, y de plena satisfacción y felicidad.

Terminada la ceremonia, partimos para Santiago de las Vegas, nuestro primer hogar de casados y donde transcurrió nuestra «luna de miel». Cuando llegamos nos estaba esperando Juan Almeida para felicitarnos, conversamos un rato y al fin tuvimos un poco de soledad. Tengo que afirmarlo así, porque ya temprano en la mañana llegó Hildita como un regalo de bodas de su mamá, la que quizás pensó que no sería de nuestro agrado. Sin embargo, se equivocaba una vez más, porque el Che siempre que se encontraba con su hija se sentía muy feliz, incluso recuerdo que tomó algunas fotos, en una de las cuales aparece Hildita con un gato que teníamos en la casa. Era el comienzo de la cotidianidad hogareña.

Si en la casa de Tarará se produjeron momentos de especial singularidad, en la de Santiago de las Vegas ocurrieron otros tantos de no menos importancia; sobre todo porque la Revolución avanzaba a pasos acelerados y había que alcanzar una mayor organización y la unidad de todas las fuerzas.

Raúl Castro y el Che mantenían reuniones periódicas con miembros de la dirección del entonces Partido Socialista Popular (PSP), con un carácter muy secreto, sin divulgación. En esos encuentros se discutían temas esenciales y las posibles tácticas y estrategias que había que comenzar a instrumentar para vencer el anticomunismo, presente en muchos sectores de derecha y la reticencia que se tenía con algunas figuras principales del PSP.

Confieso que mi instinto campesino no me engañó y muchas veces le hice saber al Che de mi desconfianza hacia Aníbal Escalante[7] y hacia otros que se acercaban, incluso en su ausencia, para tratar de ganarme para su causa. Era una especie de conspiración dentro de otra aún mayor.

También conocí a Jorge Ricardo Masetti, quien fundó a instancias del Che la agencia Prensa Latina. En realidad, la idea original del Che fue que yo asumiera la dirección; él me ayudaría, dada su experiencia en México y en la Sierra Maestra. No se cumplió por mi insistente negativa, al no creerme con la capacidad suficiente para conducirla. Quizás por eso, entre otros valores que he admirado siempre de Haydee Santamaría, se encuentra ese que demostró para dirigir la Casa de las Américas no solo con inteligencia sino con una fina sensibilidad.

En esos meses de constante ajetreo me ocupé un poco de mi vida personal. Aprendí finalmente a conducir, hacía ejercicios, leía mucho. Fue la época en que comencé a leer literatura rusa y soviética. Poco a poco me fui «enrojeciendo», bajo la influencia directa del Che, quien de forma permanente ejercitaba su capacidad de persuasión. Cada vez más, comprendía su carácter íntegro, sin doblez, y su total dedicación. Trataba de enseñarme y convencerme, paso a paso, sobre mi equivocación acerca del comunismo, sin que yo sintiera ninguna imposición. Hablábamos de muchos temas y discutíamos algunos heredados de la lucha guerrillera, como la importancia de la relación entre el Llano y la Sierra.

Mientras tanto, el Che continuaba cumpliendo sus obligaciones y preparando un viaje, que ya desde el mes de mayo le había sugerido a Fidel. Se trataba de un recorrido por los países que conformaban el Pacto de Bandung —los que con posterioridad se agruparían en el Movimiento de los Países no Alineados—. Desde aquella época Fidel valoraba la importancia de nuestras relaciones con estos países, pues en caso de producirse una agresión internacional sería decisivo su aporte en la Asamblea General de la ONU, además de que a nosotros nos permitiría tratar, en igualdad de condiciones, a varios de los estadistas más capaces del mundo. Ese viaje fue aceptado de inmediato por Fidel, y dio inicio a una de las actividades más sobresalientes desplegadas por el Che dentro de la Revolución, como portador de su política exterior.

Fue un viaje difícil para mí. El Che salió de Cuba el 12 de junio, cuando aún estábamos recién casados, y no regresó hasta septiembre. Por la extensión del recorrido le pedí que me llevara como su secretaria, lo que desaprobó de manera tajante. Fue el momento en que comencé a conocerlo con mayor profundidad, cuando me argumentó que además de secretaria era su esposa y que se vería como un privilegio mi presencia, porque los otros no podían hacerse acompañar de sus compañeras.

Antes de despedirnos fuimos a ver a Fidel a su casa y este también trató de convencerlo de que me llevara, pero no aceptó. Comenzó mi llanto, un llanto que no me perdonó. Sin dudas fue un trance muy difícil para él y yo se lo hice peor. Durante el trayecto del viaje, el propio Fidel insistió y le propuso que yo fuera a encontrarme con él en Marruecos o Japón, y de nuevo se negó. Sobre este tema, las lecciones se manifestaron desde bien temprano. Desde esos dos países me envío unas tarjetas postales que muestran lo experimentado por él en ese largo recorrido. La primera, desde Japón:

> Mi querida:
>
> Hoy va desde Hiroshima, la de la bomba. En el catafalco que ves hay los nombres de 78 mil personas muertas, se estima el total en 180 mil.
>
> Es bueno visitar esto para luchar con energía por la paz.
>
> Un abrazo.
>
> Che

Y al final del viaje, desde Marruecos, y en tono de broma, deseoso ya de regresar, me escribe:

> Aleiducha:
>
> Desde la última etapa oficial de este viaje va un fiel abrazo marital. Pensaba serte fiel con el pensamiento pero aquí hay unas moras que se las traen.
>
> Besos.
>
> Che

Quizás un poco para descargar culpas, siempre me hablaba de la posibilidad de que hiciéramos un viaje a México, para que conociera el país y los valores de las culturas maya y azteca. Claro que no pasaron de ser meras ilusiones, de sobra sabíamos que no podía haber descanso para el que aspira a modelar una nueva sociedad; pero de todas formas siempre estuvo latente el deseo de realizar un viaje juntos.

A su regreso de un recorrido de alcances históricos, el Che retomó el ritmo habitual de su trabajo. El 7 de agosto de 1959 se reincorpora a su trabajo en el INRA, donde con posterioridad, el 7 de octubre, es designado oficialmente jefe del Departamento de Industrialización del Instituto Nacional de la Reforma Agraria (INRA) y me invitó a trabajar de nuevo con él en el despacho como su secretaria personal. Al principio no le respondí afirmativamente, quizás para hacerme notar o «darme importancia», pero cuando regresó a la casa y me comunicó, en un tono sugerente y medio en broma, quizás para forzar mi decisión, que le habían puesto una secretaria muy bonita, al otro día en la mañana la primera en estar lista era yo.

En relación con mis futuras funciones, ya existía un antecedente en los primeros días de enero, cuando en un recorrido que hicimos por la Habana del Este, Raúl Castro le preguntó al Che los grados que me iba a dar y este le respondió que ninguno, porque yo iba a ser su esposa. Quizás por mi parte hubo falta de voluntad y decisión, para algunos no muy comprensible; sin embargo, pasados los años no me arrepiento en lo absoluto, creo que eso nos unió más y contribuyó a afianzar nuestras relaciones, sobre todo para el Che que durante mucho tiempo permaneció solo por propia voluntad y entonces se encontraba con una nueva vida.

Era como una especie de complemento de lo que no había tenido nunca: el hogar con nuestros hijos y los sueños por alcanzar. En lo absoluto me importaba aparecer en las fotos. Mi anonimato voluntario y el placer por estar siempre a su lado formaban parte de mi realidad, tal vez por haber intuido el escaso tiempo con que contábamos para permanecer juntos. Soy consciente del goce que le proporcionaron esos instantes, a veces escapados. En momentos de recuento, como cuando me escribe desde París en enero de 1965, comenta: «Decididamente, me estoy poniendo viejo. Cada vez estoy más enamorado de ti y me tira más la casa, los muchachos, todo el pequeño mundo que más bien adivino que vivo. En esta provecta edad mental que porto, eso es muy peligroso; te haces necesaria y yo solo soy una costumbre…».

Cuando llegué a la oficina por primera vez, a pesar de lo que me había comentado el Che, para mi sorpresa me tropecé con una muchacha bonita y muy arreglada a la usanza de aquellos tiempos, y enseguida indagué quién era y qué hacía allí. Me explicaron que Lupe, la esposa de Núñez Jiménez, entonces director del INRA, la había llevado de secretaria. Acto seguido dispuse que la sacaran inmediatamente, porque la única secretaria del Che era yo. Todos los compañeros supieron guardarme el secreto, e hicieron ver que yo no había participado en aquella decisión.

Cuando arribó el Che, en tono socarrón me dijo que le había sacado la secretaria y que había hecho mal, porque él no gobernaba en el INRA. Esta duda en relación con mi participación en la salida de aquella muchacha se tornó interminable. Hasta que se dilucidó en Tanzania, donde siempre salía a relucir el tema de mis celos y que yo calificaba de «sexto sentido». Cuando en los últimos tiempos ya no me comportaba así, me llegó a reprochar que no era tan celosa como antes y era que no se daba cuenta de que yo estaba más segura de él. Sobre el caso de la secretaria, al final claudiqué y reconocí que había tomado la decisión, pero insistí en que, a todas luces, era muy acertada.

A pesar de esos detalles y mi fama de celosa, en mis funciones de secretaria personal nunca leí sus cartas privadas y eso él lo sabía, porque me conocía lo suficiente como para no dudar ni un instante de mi comportamiento. Incluso, un día un compañero le preguntó al Che por qué me había puesto de secretaria, que cómo iba a trabajar con su mujer, a lo que este en tono jocoso y sin ningún complejo le contestó que era su decisión y que para nada le molestaba trabajar conmigo. De esa forma quedó saldado el problema, al menos de forma directa.

El trabajo se multiplicaba en consonancia con el Decreto dispuesto por el Gobierno Revolucionario en el artículo III de la Ley 851 del 6 de junio, cuando se designa al Instituto Nacional de Reforma Agraria (INRA), como organismo que tendría a su cargo, «a través del Departamento de Industrialización, la Administración de Ingeniería y por medio del Instituto Cubano del Petróleo, todas las facultades inherentes a la función que se les encomienden para administración de los bienes o empresas objeto de las expropiaciones que se dispone [...]». Es decir, se vio la necesidad de impulsar una serie de industrias que al ser intervenidas pasaron al INRA.

En esa etapa se hicieron los primeros planes para la industrialización, dado el objetivo fundamental de crear empresas industriales que ahorraran divisas y fabricaran una serie de artículos necesarios para nuestro consumo. Al respecto el Che llegó a afirmar que «hoy por hoy nuestro esfuerzo máximo es la creación de una industria que sustituya la importación y hemos llegado a la conclusión de que hay seis o siete direcciones en las cuales hay que poner mucho énfasis. Una de ellas es el combustible, en todas sus fases, pero fundamentalmente en lo que respecta al petróleo [...]».

El Che también privilegió de manera especial el níquel, teniendo en cuenta las grandes reservas con que contábamos y las fábricas existentes que habían sido construidas y explotadas por los norteamericanos en la provincia de Oriente. Por su tecnología, para ponerlas en funcionamiento se necesitaba de un sistema especial que no conocíamos y que los yanquis, después de la expropiación, se negaban a compartir con nosotros. En la puesta en marcha se necesitaba, además de capacidad, poner alma y corazón, cosas que le sobraban al Che. En ese empeño contó con la ayuda inapreciable del ingeniero Demetrio Presilla, el único de los técnicos antiguos que se había quedado en Moa. Dada la importancia de la tarea, íbamos casi todos los fines de semana a la zona minera, esfuerzo que se vio coronado con la puesta en marcha de la fábrica, rescatada para el desarrollo económico de nuestro país.

Uno de los momentos más emocionantes de esa etapa se produjo cuando el Che contactó por primera vez con los mineros y conoció el grado de explotación a que habían sido sometidos en los años de la neocolonia, en que su nivel de vida era bajísimo, su alimentación era escasa y no tenían ninguna preparación escolar, a pesar del enorme esfuerzo que hacían. Era un sector muy desconocido y de poca relevancia dentro del esquema económico imperante en el país, lo que hacía que el trabajo se caracterizara por una enorme sobreexplotación y nulos beneficios. Poco a poco se fueron tomando medidas para humanizar no solo el trabajo, sino también para dignificar a estos seres humanos: con celeridad se les asignó una dieta adecuada, se construyeron comedores obreros y viviendas decorosas. Era la obra enaltecedora de la Revolución, que los mineros de entonces atesoran con mucho celo y amor, porque por primera vez fueron tratados como seres humanos. Un ejemplo de

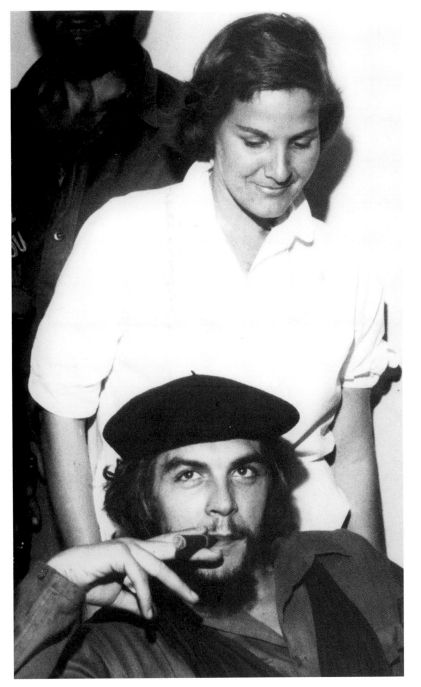

En la fortaleza de La Cabaña, en enero de 1959.

Un momento de descanso en La Cabaña.

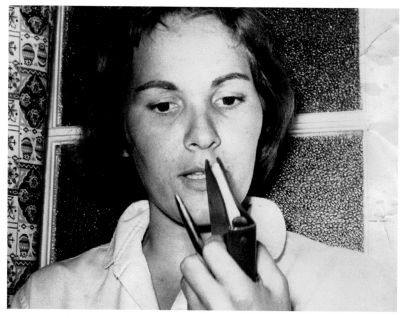

Primeras declaraciones para la revista *Bohemia*.

En Matanzas, el 7 de enero, para un contacto del Che con Fidel. Ese día Aleida es presentada a Fidel.

En el Palacio Presidencial. Foto tomada por Camilo Cienfuegos.

Visita a El Pedrero con los padres del Che.

En 1959, durante un viaje de exploración por Sumidero, en Pinar del Río.

Che Guevara junto a Aleida y Manuel Piñeiro, entre otros, durante el desfile del 1ro. de Mayo de 1959 en Santiago de Cuba.

Recorrido por Minas del Frío.

Che y Aleida en una casa de protocolo, durante la visita de Anastas Mikoyan, con Vilma Espín y Alejandro, primer embajador soviético en Cuba.

Fotos de la boda el 2 junio de 1959.

Fotos de la boda el 2 junio de 1959.

Fotos de la boda el 2 junio de 1959.

Fotos de la boda el 2 junio de 1959.

Fotos de la boda el 2 junio de 1959.

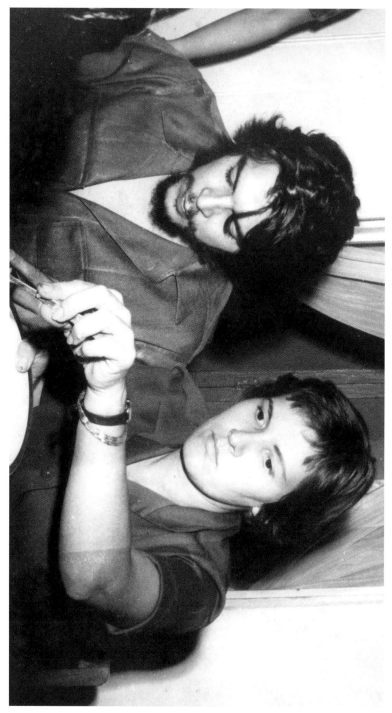

Durante un recorrido por Bayamo.

12 de junio 1959. Despedida en el aeropuerto (recorrido por los países del Pacto de Bandung).

Despedida del Che a la delegación al Congreso Latinoamericano de Mujeres en Chile.

Despedida del Che a la delegación al Congreso Latinoamericano de Mujeres en Chile.

Junto al Che en el acto del 28 de enero de 1960.

En Lima, junto a Vilma Espín, al regreso del Congreso Latinoamericano de Mujeres en Chile.

Enero de 1960. En un acto político, junto al Che.

En 1960, en el Palacio de Bellas Artes.

Actividad en la FMC. Aparecen en la foto Lidia Castro, Calixta Guiteras y Celia de la Serna.

Foto tomada por el Che.

Rumbo a Baracoa por el río Toa. Foto tomada por el Che.

中國人民郵政

Tarjeta postal desde Shanghai (reverso).

En 1960, en Ciudad Libertad con una delegación alemana.

En 1961, con Aleidita en la casa de 18, Miramar.

Jornada de Trabajo Voluntario con una delegación china.

En 1961, durante un viaje a China, presidiendo una delegación de la FMC.

En 1961, durante un viaje a China, presidiendo una delegación de la FMC.

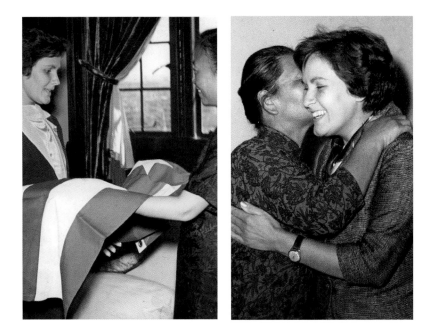

En 1961, durante un viaje a China, presidiendo una delegación de la FMC.

En el aeropuerto. Recibimiento al Che al regreso de uno de los viajes a la URSS.

esto se puede apreciar en Imías, una de las zonas mineras más atrasadas y que gracias a ese esfuerzo fue convertida en un importante enclave. Existen fotos tomadas por el Che de sus visitas al lugar.

En el departamento de Industrialización del INRA trabajaban José Manuel Manresa, como jefe de Despacho, y el Patojo como una especie de ayudante. Ya comenzaban a colaborar en el departamento algunos latinoamericanos, sobre todo economistas: Juan Noyola, Carlos Romeo, Jaime Barrios, Álvaro Latoste, Raúl Maldonado y otros, que después continuarían con el Che en el Banco Nacional.

La mayoría fungía como colaboradores y asesores en el proyecto de creación de un futuro Ministerio de Industrias, pero además se aplicaban con esmero en la nacionalización de fábricas, en el cobro de impuestos, atención de quejas, o a grandes fabricantes, tanto de centrales azucareros como de fábricas de tabaco, como era el caso de Partagás, que mandaba a su apoderado. Por ese entonces, se comenzaba a atender el complejo minero de Moa, por su importancia estratégica para el país.

Dentro de las actividades que el Che ejecutó en ese primer año inolvidable, se encuentra la construcción de la Ciudad Escolar Camilo Cienfuegos en el Caney de las Mercedes, por parte de la que fuera la Columna Invasora a su mando. Esa Columna fue fraccionada en los meses de junio y julio, y fue enviada una sección para Oriente, y otra para Santa Clara, con el objetivo de integrar el Tercio Táctico.

Con la construcción de la Ciudad Escolar, el Che vio cumplido uno de sus grandes sueños y de sus principales proyecciones. Disfrutaba plenamente las visitas que realizaba al lugar, así como las sesiones de trabajo con sus compañeros. Muchas son las anécdotas que se recuerdan y queda el testimonio fotográfico de las innumerables visitas efectuadas.

El 26 de noviembre de 1959, con su nombramiento como presidente del Banco Nacional, se produce otra mudada de domicilio, esta vez para Ciudad Libertad, porque se entendió que el trayecto que había que recorrer de Santiago de las Vegas a la ciudad era muy peligroso. En la fortaleza vivían Raúl y Vilma; además de otros compañeros que por sus funciones tenían que ubicarse en sus predios.

A pesar de que casi había transcurrido un año, se vivía en un torbellino de funciones, algunas de las cuales nada tenían que ver entre sí, y que dan la medida del intenso trabajo en ese tiempo. Comenzó a gestarse el G-2, para garantizar la seguridad del Estado, acción que, en su etapa formativa, estuvo estrechamente vinculada con el Che. Se encargó de la atención a las primeras delegaciones de los países socialistas que nos visitaron, sin dejar de desempeñar todas las tareas que anteriormente le habían asignado.

El Che resolvió algún que otro problema con los miembros de la escolta, como sucedió con Villegas, al que se le escapó un tiro y provocó la muerte de otro compañero, al rebotar la bala contra la pared. El Che lo envió detenido para La Cabaña, a cumplir la sanción correspondiente, con lo que dejó sentado el precedente de que la disciplina era lo primero, sin concesiones de ningún tipo.

El trabajo del Banco Nacional resultó muy intenso, porque en realidad se trataba de crear una nueva imagen de su funcionamiento y sus objetivos y para esto se requería de un esfuerzo enorme y de mucho tiempo. De forma inmediata, el Che dictó un conjunto de medidas, con el empeño de evitar la fuga de divisas; entre ellas la decisión de romper los vínculos con el Fondo Monetario Internacional, al que Cuba pertenecía y al que debía aportar veinticinco millones de dólares; la liquidación con el Banco de Desarrollo Económico-Social (BANDES), así como con la Financiera Nacional y el Banco Cubano de Comercio Exterior, instituciones todas que representaban una carga para el erario nacional.

De igual forma, se ordena a un funcionario del Banco Nacional de Cuba sacar el oro físico depositado en los Estados Unidos, además de nacionalizar los bancos norteamericanos en el país: el Chase Manhattan Bank, el First National Bank of Boston y el City Bank of New York. En esa misma dirección, se aprueba la Ley para nacionalizar la banca nacional y extranjera, con la sola excepción de los bancos canadienses; se nacionalizan cuarenta y cuatro empresas bancarias con sus trescientas veinticinco oficinas y sucursales, ubicadas en noventa y seis localidades del país; se procede a la compra de los dos bancos canadienses existentes y se dispone un canje de moneda, que se realiza exitosamente en agosto de 1961. Este proceso pudo efectuarse gracias a los primeros contratos establecidos con los países socialistas en 1960, en particular con Checoslovaquia, donde se efectuó la impresión de los nuevos billetes con la firma del Che.

Todas esas acciones se ejecutaron desde la oficina central del Banco Nacional, que contaba con un personal muy reducido, entre los que se encontraba, como era habitual, José Manuel Manresa; una secretaria bilingüe muy calificada, nombrada Luisa (cuyo apellido no logro recordar); yo, como secretaria personal, y un cuerpo de apoyo, expertos del Banco que contribuyeron a su funcionamiento. Tuve que hacer algunos cambios porque la alfombra de la oficina le producía alergia al Che y hubo que sustituirla por un piso de linóleo.

En general, fue un período muy agradable, a pesar del enorme trabajo que teníamos. Nos sentíamos como una pequeña familia. Desayunábamos y comíamos al fondo de la presidencia, sin un horario fijo: lo mismo lo hacíamos a las ocho de la noche que a las tres de la mañana, hora que aprovechábamos para tomarnos un chocolate caliente con tostadas. Siempre contamos con la presencia de algún que otro latinoamericano con comentarios personales o de otros temas de interés, que hacían la velada muy agradable y nos ayudaban a conocernos mejor; entre ellos estaban Carlos Romeo, Jaime Barrio, Raúl Maldonado, José Santiesteban y el cubano Salvador Vilaseca, quien además de colaborador se convirtió en el maestro de matemáticas del Che y lo acompañó hasta la etapa del Ministerio de Industrias.

Dentro de las visitas que preciso con mayor nitidez, se encuentra aquella de la delegación soviética, encabezada por Eugenio Kosarev, fiel amigo de Cuba y del Che. Hay cosas que no se olvidan nunca, incluso no sé a estas alturas de dónde se sacó la máquina de escribir con los caracteres rusos para poder redactar los informes que debían llevarse. Puede que haya participado en ello Jaime Barrios, uno de los colaboradores chilenos —que murió junto a Salvador Allende en los trágicos acontecimientos de La Moneda, el 11 de septiembre de 1973—, aunque casi estoy segura de que fue Graciela Rivas quien la consiguió. Este era un personaje muy eficiente, era la apoderada de Manuel Aspuru San Pedro y siempre trató de colaborar con nosotros, aunque también estoy convencida de que simpatizaba mucho con el Che...

Es en esta época en que el Che comienza a asistir a las recepciones de gobierno, porque entendía que era un compromiso ineludible y una escuela de formación para los nuevos cuadros de la Revolución. En realidad se molestaba muchísimo cuando algún compañero no asistía, al considerarlo como parte de sus funciones. Como siempre, iba vestido con su uniforme verde olivo, que ya en la noche había sufrido el rigor de la faena de todo el día, reuniones, actos, en fin, las tareas cotidianas. Al rememorar esa imagen, me viene a la memoria una recepción a la que asistió Regino Boti, nuestro ministro de Economía, quien tenía un alto sentido del humor, y allí me llama muy misteriosamente y me comenta algo que me hizo reír muchísimo: haciéndose el asombrado, celebra lo elegante que andaba el Che esa noche. Yo lo miré de arriba abajo, hice una inspección de sus botas, que estaban como siempre; su uniforme un poco ajado, en fin, me parecía que no había nada diferente, e ingenuamente le pregunto en qué estribaba la elegancia y me contestó: «pues mira, tiene tres *plumas* en el bolsillo». Fue un momento realmente simpático, porque así era Boti, quien siempre le demostró al Che su amistad.

Muchas veces, cuando en horas de la madrugada nos disponíamos a marcharnos a casa, llegaba Alberto Bayo para jugar una partida de ajedrez, lo que tomaba una buena parte de la noche. Ya yo conocía los pocos gustos que se daba el Che y para nada los entorpecía, aunque en general nos ponía de mal humor, porque la mayoría de las veces salíamos del Banco a altas horas de la noche o al iniciar el alba.

En medio de todo, el Che siempre hacía un tiempo para conocer de los avances constructivos de la Ciudad Escolar Camilo Cienfuegos. Íbamos cada semana, y siempre nos acompañaba Eliseo, quien a pesar de su pericia no estaba exento de algún que otro contratiempo, como el día en que nos agarró una tormenta que por poco tumba la avioneta. Después de la muerte de Camilo Cienfuegos[8] se prohibió volar en ellas y se cambió a un Cesna de dos motores.

Para el Che, estos viajes en la avioneta tenían varios propósitos, además del placer que sentía al volar, incluido pilotear, cosa que hacía casi siempre. En ocasiones volvía de nuevo por la ruta de la invasión, tratando de recuperar y rememorar la historia vivida y que tan bien reflejó en *Pasajes de la guerra revolucionaria*.

Cuando llegábamos a la obra se veía al Che realmente feliz, controlando todo, pues se sentía responsable y hablaba con los soldados de su Columna para conocer el más mínimo detalle. En una ocasión nos quedamos una noche a dormir, y lo hicimos en una litera; él, arriba y bajaba la mano para tomar la mía, hasta que así nos dormimos. Además del trabajo, yo sentía aquello como un paseo muy grato.

En una de las últimas visitas, nos encontramos con Sidroc Ramos —nombrado director— y su esposa Berarda Salabarría, que trabajaban en la organización de la escuela y que, además, estaban esperando la llegada de sus hijos. Fue un momento emocionante para todos, cuando de lejos se vio venir una columna de niños que bajaban con Isabel Rielo, capitana que había dirigido el pelotón Mariana Grajales, integrado por mujeres combatientes en la Sierra Maestra; en especial para mí tenía un sentido muy conmovedor, quizás por mi propio origen campesino y por pensar también en lo que significó la separación de mi familia cuando me tocó hacerlo.

Si al menos tuviera un mínimo de talento para pintar, lo reflejaría en una obra, porque era realmente hermoso ver a todos esos niños venir desde tan lejos, de campos en los que ni remotamente se pensó nunca en estudiar. Y ver que los padres accedían a la educación de sus hijos, al confiar en la nueva Cuba que estaba naciendo.

Escuchar esas voces asombradas decir que las estrellas estaban muy bajitas, cuando se instalaba por primera vez la luz eléctrica, nos llenaba a todos de satisfacción y en particular al Che, que se sentía muy estimulado ante lo que consideraba su obra, la obra de la Revolución. Estaba verdaderamente realizado.

En noviembre de ese año, como parte de la numerosa delegación cubana, compuesta por más de ochenta compañeras de todos los estratos sociales, asistí al Congreso Latinoamericano de Mujeres celebrado en Chile. Al no existir todavía las organizaciones de masas, la delegación la encabezó Vilma Espín por decisión del Gobierno Revolucionario. Fue, si se quiere, una antesala de lo que habría de ser la Federación de Mujeres Cubanas.

Se realizó un trabajo previo muy serio, por medio de comisiones temáticas, con el objetivo de explicar la incipiente obra de la Revolución. Muchas de las exposiciones que se hicieron eran expresión de la nueva experiencia de una verdadera Revolución popular, que constituía un aporte a las causas más justas del continente.

El Che nos despidió en el aeropuerto, convencido de la importancia y significación de este viaje para todas, y para mí, mi primero al exterior. En eso no se equivocó, porque nuestra llegada fue un suceso para todos. Los periodistas nos asediaban a cada paso, nos interrogaban sobre lo que estaba aconteciendo en el país, y yo aparecí en primera plana como la «Señora de Guevara». Constituyó una especie de escuela, porque conocimos a muchos dirigentes sindicales de diferentes países y defendimos nuestras posiciones con mucha fuerza y convicción. Era la espontaneidad y la frescura de la nueva Revolución.

Cuando caminábamos por las calles se nos acercaban, nos preguntaban por la desaparición de Camilo, por los cambios que estaban ocurriendo, en fin, un verdadero éxito. Conocimos a Salvador Allende, comimos en su casa, fue invitada la mayoría de los jefes de delegaciones, y para mí constituyó mi primera mirada a aquel mundo de la diplomacia, tan desconocido para las que nos encontrábamos presentes, tanto para las latinoamericanas en general, como para las cubanas. Todo lo pasamos por alto, porque sabíamos desde entonces que contábamos con un gran amigo. Solo me quedó una deuda: no pude conocer a Pablo Neruda, uno de los poetas preferidos del Che.

Nuestro regreso lo efectuamos por Lima, donde pudimos ver algunos edificios coloniales de la ciudad, con sus preciosos balcones y su estilo majestuoso. Estábamos deseosas de llegar, contar nuestras experiencias y sobre todo reencontrarnos con nuestras respectivas parejas; eran tiempos en que la mayoría no deseaba una separación larga.

Ese interminable, pero a la vez embriagador, año, llegaba a su fin con muchas satisfacciones y con los deseos multiplicados por ampliar los caminos y horizontes de la obra que era el centro de todo nuestro interés, la Revolución misma.

El 31 de diciembre nos fuimos a casa de nuestros amigos Haydee Santamaría y Armando Hart, para compartir en familia nuestra primera fiesta. La alegría de todos era desbordante, incluyendo a la anfitriona que había decidido que su cumpleaños, a partir de ese momento, se celebraría siempre en esa fecha.

El Che comenzó a bailar con Adita, la hermana menor de Haydee, pero solo se quedó en el intento, dadas sus escasas dotes en la materia: lo hizo a modo de diversión y sobre todo como una muestra del regocijo que sentíamos. Regresamos a la casa a las seis de la mañana, del que sería también un año cargado de trabajo y satisfacciones.

Al mirar retrospectivamente, segura estoy de que 1959 fue un año de cambios profundos en nuestras vidas; debimos abandonar rezagos de un pasado que pugnaba por no desaparecer. Era una especie de escuela, en plena ebullición, en la que se sufría la ausencia y el resquemor de amigos en un momento muy cercanos y de pronto volvían la espalda.

En general fue un año de muchas expectativas, en que nunca me puse a pensar qué hacía ahí. Me parecía muy natural encontrarme junto al Che y viviendo, no sé si la novela quizás soñada, pero sí los momentos más plenos de mi existencia, porque desde mi unión con él no dudé nunca de que ése era mi lugar. Además, cada día lo encontraba más admirable por su entrega, lealtad y entereza para acometer cualquier empresa encomendada, a la par que crecía mi amor por él; para ambos ese sentimiento se fue fortaleciendo en la medida que pasaba el tiempo y nos identificábamos más.

Años después, en 1965, en el último de sus prolongados viajes, con añoranza me envió, como se había hecho costumbre, una tarjeta postal desde Egipto, prueba elocuente de nuestra comunión:

Señora:
Por estas dos puertas se escapó la soledad y fue a buscarla en su isla verde.

No sé si algún día podremos estar cogidos de la mano, rodeados de críos y admirando el panorama desde alguna huella del pasado; si no podemos, lo sueño por Ud.

Le besa respetuosamente la mano,

su maridito.

VII

Ese primer año nos trazó un camino arduo y delicado por el que estábamos dispuestos a transitar para construir el porvenir. Los que, como yo, carecíamos de una cultura política avanzada —solo compensada tal carencia por el inmenso deseo de hacer—, nos fuimos dando cuenta de que la tarea que nos proponíamos era en extremo difícil y cuajada de complejidades. Había que saltar y vencer obstáculos y sobre todo romper con trabas y esquemas, que se empeñaban en no desaparecer e impedían, en ocasiones, la marcha adecuada de los planes.

Para mí las cosas fueron más sencillas, contaba con la presencia permanente de alguien que contribuía de diversos modos a que fuera entendiendo paulatinamente los cambios; un maestro capaz no solo de trasmitir, sino de enseñar con su ejemplo cotidiano.

Es obvio que en este aprendizaje no estaba incluido cómo actuar en facetas tan complejas y cotidianas como eran las de conjugar las funciones de esposa, madre y trabajadora a la vez. Había que transitar aceptando riesgos y dificultades.

El año 1960 nos recibe con una anhelada noticia: mi primer embarazo. Requerí, en los primeros momentos, de una atención controlada por el doctor Celestino Álvarez Lajonchere, quien se convirtió, desde entonces, en el ginecólogo de mis partos; además de contar con la asistencia de Fernández Mell, nuestro médico y amigo de diversas batallas; y con la ayuda en esos meses iniciales de Celia, la mamá del Che, que se encontraba pasando una temporada en nuestra casa.

Recuerdo que en medio del reposo prescrito tuve que irme para Santa Clara porque mi papá había sufrido un infarto. En cuanto lo supo el Che, que se encontraba presidiendo una reunión muy importante, preocupado por mi estado de salud, le indicó a Eliseo que me llevara en la avioneta.

Al otro día, el Che se unió a nosotros para ver a mi papá y, más tarde, seguros de que había rebasado su enfermedad, retornamos a La Habana. Siempre regresa el recuerdo de estar al lado de la cama en que permanecía mi papá, prodigándole la atención que solo una hija puede brindar, cuando de pronto sentí detrás de mí una voz que me hizo voltear: era el Che, que había dejado todo para estar conmigo en esos momentos. Dentro de la vorágine constante, se imponía la cotidianidad familiar con sus buenos y malos momentos.

Para ese entonces, los planes de hacer de la antigua fortaleza militar de Columbia una inmensa escuela se estaban concretando con la culminación de Ciudad Escolar Libertad. Eso nos obligó, a muchos de los que vivíamos en el lugar, a mudarnos fuera de sus predios.

Otra vez nos instalamos en esa especie de casa-guarnición que nos era familiar desde el triunfo de la Revolución. Era una casa confortable, situada en la calle 18 entre 7ma. y 9na., en Miramar, y en la que radicamos desde abril de 1960 hasta octubre del año 1962. Si se toma en cuenta el tiempo transcurrido, en realidad fue relativamente breve. Sin embargo, la magnitud de lo acontecido, tanto en lo personal como en lo histórico, dejó una huella profunda en nuestros recuerdos: los bombardeos a los aeropuertos de Ciudad Libertad y San Antonio de los Baños, ambos en La Habana; y el Antonio Maceo, en Santiago de Cuba; la invasión mercenaria por Playa Girón; la Crisis de Octubre; todas, acciones enemigas que ya presagiaban lo difícil que sería el enfrentamiento con los Estados Unidos. A su vez se estaban dando los primeros pasos organizativos para la creación de la Seguridad del Estado —ubicada en esos tiempos al lado de nuestra casa—, que contó siempre con el apoyo del Che.

A pesar del acoso a que nos teníamos que enfrentar, continuábamos el ritmo de nuestras vidas; y en lo personal, se produjo el nacimiento de nuestros primeros hijos: Aleidita, el 24 de noviembre de 1960; y el 20 de mayo de 1962, Camilo, el ansiado varón.

En 1960, el Che continuó al frente del Banco Nacional y del Departamento de Industrialización del INRA. En agosto de ese año se hizo efectiva la nacionalización de las industrias, prolegómeno del futuro Ministerio de Industrias, del que sería titular. De igual forma, se intensificaban sus actividades políticas, tanto en lo nacional como en lo internacional, y se acrecentaba su participación en la defensa del país al frente de la región occidental.

En octubre de ese mismo año, marchó en misión comercial a un periplo que se extendió hasta China, con el objetivo de firmar los primeros convenios que se establecieron con los países socialistas.

Antes de su partida, discutimos sobre el nombre que le daríamos a nuestro primer hijo —convencido el Che de que sería varón—, y habiendo desechado el de Ernesto, porque nos parecía una prolongación demasiado evidente, acordamos llamarlo Camilo, por el afecto que siempre le tuvo a su amigo y compañero de lucha. Todavía resuenan en mis oídos sus palabras: «es la combinación de dos guerrilleros».

No previmos entonces el nacimiento de una niña. En tono jocoso y con su ironía habitual, me envió un telegrama en el que decía que si era niña la tirara por el balcón. Estando en Shangai, nació la niña, que no tuvo nombre hasta que el Che llegó de su viaje, porque ninguno de los dos habíamos hablado de un nombre posible en el caso de que fuera hembra. Desde Shangai me envió una postal:

Me enteré en esta ciudad, cuyo nombre podrías leer debajo, de
la nueva adquisición.

Tú siempre empeñada en hacerme quedar mal.

Bueno, de todas maneras un beso a cada una y recuerda: a lo
hecho pecho.

Abrazos.

Che

A su regreso, y con un edredón de regalo, algo bastante excepcional,
fue que decidió nombrar Aleida a la niña, nombre que le resultaba
muy musical, según me dijo. No quise indagar mucho al respecto,
conociendo como conocía su oído para la música. Para mí fue más
importante que me dijera que en una ocasión antes de nuestro
encuentro había escuchado por radio ese nombre y que le gustaba
desde entonces; fue cuando dieron la noticia de la muerte de la combatiente revolucionaria Aleida Fernández Chardié, asesinada por la
dictadura batistiana.

Cuando el Che retornó de su misión ya tenía una visión más con-
creta, aunque parcial, de lo que estaba sucediendo en los países socialistas que visitó y comenzó a cuestionarse algunas diferencias que
existían entre unos y otros, acerca del modo en que enfrentaban la
transición socialista.

Se mostró muy entusiasmado con lo que había apreciado en
China, admirado de cómo estaban trabajando y la forma en que
encaraban las soluciones en los diferentes niveles de su desarrollo,
pues en sus comparaciones partía de la hambruna de la que habían
salido hacía apenas once años. Ponía como ejemplo los sistemas
de trabajo que aplicaban, sus métodos y dedicación a la construcción del socialismo, y siempre decía que China era una especie de
museo de la humanidad, donde se podía ver desde un implemento
atrasado hasta el más moderno, empleados con total eficacia. Estas
muestras de entusiasmo le valieron un tiempo después los califica-

tivos de pro chino y maoísta. Sin embargo, sus valoraciones pasaban solamente por su deseo de hallar un camino certero y valedero en lo que él sabía iba a ser lo más difícil que emprendería la Revolución Cubana: la decisión de construir el socialismo en nuestro país.

En contraste con esas apreciaciones positivas sobre China, pudo darse cuenta de algunas fisuras que se experimentaban en la URSS, como las prebendas que tenían algunos dirigentes; sin embargo, pudo captar el espíritu de su gente y de su Revolución y así me lo hizo saber:

Mi querida:

Aprovecho unos momentos en la agitada carrera por Stalingrado para mandarte la consabida tarjeta.

De verdad que uno está aquí frente a una de las epopeyas más grandes de la historia.

Sigo dentro de dos días a China.

Besos.

Che

Lo mismo observó en Praga, ciudad de infinita belleza, de la que disfrutó su esplendor arquitectónico, pero en la que advirtió también que sus hoteles parecían una vitrina de exposición, con mujeres que parecían de estratos de la antigua sociedad y que se dedicaban a ejercer la prostitución, algo que siempre repudió.

A ritmo acelerado terminó el año 1960, cargado de planes y proyectos, muchos de los cuales compartieron el Che y Fidel el 31 de diciembre en nuestra casa —una práctica no frecuente, pero que expresa la empatía que sentían ambos—. Era la familiaridad de una amistad entrañable, forjada al calor de la lucha, de dos grandes hacedores de sueños.

El 23 de agosto de 1960 se constituyó la Federación de Mujeres Cubanas, organización que, bajo la atención permanente de Vilma

Espín, desempeñó un papel importantísimo en la inserción de la mujer cubana en las tareas y los retos que la Revolución estaba demandando. Además de barrer las lacras de un pasado oprobioso de desigualdades y humillaciones, había que luchar por la incorporación plena de la mujer, sin trabas ni restricciones, y para lograrlo se hacía necesario un movimiento que fuera impulsor de los cambios.

Las metas que nos proponíamos no eran nada fáciles, porque había que combatir con el machismo imperante, que frenaba la incorporación de la mujer a las actividades fuera del hogar, y con la incultura de una parte de la masa femenina, analfabetas muchas de ellas o con un nivel cultural muy bajo.

Nada de eso fue impedimento para emprender un camino del que nos sentimos plenamente satisfechas, por el inmenso papel que en todos estos años de Revolución ha desempeñado la mujer cubana. Muchos ejemplos a lo largo de este período lo corroboran, pero solo basta mencionar el trabajo de superación que se siguió con las antiguas empleadas domésticas y las prostitutas, lo que dice mucho acerca de los propósitos de reivindicación e igualdad de la mujer, como centro de atención de la organización.

Desde su creación formé parte del Ejecutivo Nacional de la FMC hasta finales de 1964, fecha en que tuve que abandonar esa responsabilidad porque se acercaba el nacimiento de mi hijo Ernesto. En un primer momento fui la Financiera Nacional, como reconocimiento al trabajo que había ejecutado antes de nuestra partida al Congreso en Chile, celebrado en noviembre de 1959.

Esos años fueron para todas una escuela permanente. Desplegamos un intenso trabajo en la constitución de la organización en las diferentes provincias del país; aprendíamos acerca de la creación de una institución que se erigía como aglutinadora de masas; enfrentábamos, en una verdadera lucha de clases, a las burguesas y contrarrevolucionarias que pugnaban por no desaparecer, en momentos en que aún no contábamos con la conciencia ni la suficiente formación cultural para dar las respuestas más acertadas. Solo la intuición y el deseo de luchar por algo que sentíamos nuestro nos hizo dignas de acometer acciones impensables en otros tiempos y circunstancias. De esa forma, ante el acoso del Gobierno de los Estados Unidos y la contrarrevolución interna, en el año 1960 convocamos a las federadas a incorporarse a las Milicias Nacionales Revolucionarias. Así, las mujeres se preparaban para enfrentar la defensa de la patria y de los logros alcanzados.

Sin la obra creadora de la Revolución, muchas de nuestras nuevas funciones no hubieran sido posibles. Puedo poner mi caso como ejemplo: atender la casa, el trabajo y los niños, que fueron naciendo casi a uno por año. Sin las ventajas que para todas significó la construcción de los Círculos Infantiles, el seminternado en las escuelas primarias, las becas y otras tantas de igual importancia, no hubiéramos acometido con la misma intensidad todo lo que nos propusimos.

Los resultados que se iban obteniendo los experimentábamos claramente. Pagar mensualmente una cuota, para la FMC, no tenía que ver esencialmente con el monto de lo que se recogía, sino que tenía un sentido y alcance mayor, basado en la búsqueda de un contacto directo y permanente con la base y, sobre todo, con cada casa y cada mujer federada.

Se estaba instaurando así un primer movimiento de cuadros a escala nacional; yo misma era cuadro profesional, aunque nunca cobré un salario por eso; eran otros tiempos y otras circunstancias. La labor desplegada permitió la celebración, en 1962, del primer Congreso de la FMC, en el que fui elegida secretaria general y Vilma Espín, presidenta.

El trabajo que pude realizar, sin abandonar mis otras funciones como secretaria personal del Che, contó siempre con su apoyo y con sus recomendaciones acerca de cómo alcanzar una mayor eficiencia y unidad en las tareas a cumplir.

De modo particular, sus observaciones y apreciaciones fueron significativamente útiles en momentos difíciles, como la etapa del sectarismo, del que no estuvimos exentas y que nos creó muchos problemas y trabas en el trabajo con las federadas, especialmente en mi provincia, en la que tuvimos que realizar algunas reuniones con los dirigentes de las ORI (Organizaciones Revolucionarias Integradas), para explicarles los inconvenientes que se estaban presentando y las dificultades para dar cumplimiento a las tareas de la organización. El Che me insistía y me alertaba acerca de la importancia que tenía dar a conocer las dificultades para obtener una respuesta eficaz y decantar la verdadera cantera de cuadros, que permitiera una consecuente política al respecto.

Arribamos a 1961. Para el Che comenzó una de sus etapas más plenas, porque se sentía parte de un proceso que había visto nacer y que marchaba por el camino que consideraba el más justo y revolucionario. Había depositado una confianza sin límites en Fidel y se sabía uno de sus colaboradores más constantes, pero, además, por sobre todas las cosas sentía el respeto y el cariño del pueblo, que no tomaba en cuenta su procedencia argentina y lo acogía como uno de los suyos, reforzando su cubanía y, más allá, su fervor latinoamericano, aquel que se originó cuando, siendo un joven estudiante de Medicina, decidió conocer las raíces de nuestra América, y que sería un acto premonitorio de su actuar futuro.

Ese proceso en permanente ascenso encuentra una genuina expresión cuando decide incorporarse a nuestras luchas y en un momento de sentido fervor escribe en México, antes de partir hacia Cuba, su poema «Rapsodia a Fidel». En los propios versos se pueden ver detalles acerca de su sentido de pertenencia en relación con nuestro país. Así, en el último verso de la primera estrofa escribe, refiriéndose a Fidel como una segunda persona, acerca de la liberación del «verde caimán que tanto amas»; sin embargo, al final reclama el nosotros cuando afirma: «pedimos un sudario de cubanas lágrimas». Ese arraigo de cubanía lo experimentó siempre; incluso cuando dirigía una crítica o se sentía molesto por algún error cometido, decía «nosotros los cubanos» y no tuvo nunca que sentirse lastimado o dolido por no haber nacido en Cuba.

El 23 de febrero de 1961 se creó el Ministerio de Industrias y lo nombraron al frente de él. Se ha escrito en abundancia, tanto por estudiosos como por detractores, acerca del trabajo desplegado por el Che en esta responsabilidad. No dudo de que pudo haber tenido algunos errores y dificultades, como obra humana al fin, pero en ella puso lo mejor de su talento y capacidad, acompañados de pasión y voluntad, en una esfera que sentía imprescindible para hacer avanzar de un modo más eficiente y seguro a la Revolución.

El propio Che llegó a afirmar que el Ministerio de Industrias se había concebido teniendo en cuenta la dinámica de nuestro desarrollo económico, de tal manera que en el diseño de su estructura no cabían ni el esquematismo ni la rigidez en sus concepciones, sino que el proceso de industrialización respondía básicamente a uno de los grandes objetivos del Gobierno Revolucionario.

El Ministerio de Industrias constituía la culminación de una primera fase experimental, que para el Che comenzó en la Sierra Maestra, cuando se dio a la tarea de construir pequeñas fábricas artesanales, capaces de satisfacer las necesidades de la vida en campaña y que tuvieron su continuidad al triunfo de la Revolución, cuando desde su llegada a la fortaleza de La Cabaña organizó pequeños locales productivos con iguales propósitos: satisfacer demandas de la tropa.

A la par de los grandes cambios promovidos por la Revolución, se requirieron nuevas instituciones que respondieran fielmente a sus objetivos. Por ello se creó, desde los primeros meses, el INRA, que devino una especie de tracción paralela, y donde se concentraba la verdadera fuerza transformadora que se proponía, en un breve lapso, alcanzar los presupuestos del Programa del Moncada.

Con todos esos antecedentes pudo el Che diseñar, apoyado en un equipo de trabajo muy eficiente y capaz, un nuevo proyecto para reactivar el sector industrial del país, a tono con las líneas de desarrollo que nos proponíamos realizar. Se trataba, esencialmente, de la eliminación de la monoproducción y, como meta, borrar nuestra condición neocolonial y subdesarrollada.

Al mencionar esos rasgos, se advierte la magnitud de la responsabilidad que el Che había contraído; sin embargo, si se hace un examen de todo lo que fue abarcando el Ministerio en aquellas condiciones, su estructura y sobre todo la dimensión de sus proyecciones, se arribará a la conclusión de que solo un hombre con las características personales del Che podía emprenderla. Su voluntad, su sentido de la responsabilidad y su espíritu creador, además de sus cualidades, para el estudio y la reflexión probadas desde la adolescencia; su vasta cultura y la asunción de la filosofía marxista, que en su caso se acrecentaba y reforzaba desde el mismo momento en que entendió que solo una teoría científica como ésta podía ser parte consustancial de la transformación del país, eran su carta de triunfo.

En la creación del Ministerio se emplearon cientos de horas de discusión, con el objetivo de precisar claramente todos los pasos que debían darse y el Che siempre estuvo presente en el debate. Paralelamente, se trabajaba en la futura organización, sus viceministerios, direcciones y ramas, en la reestructuración de las empresas y finalmente de las fábricas. De esa forma, se fue creando un sistema integral de organización, dirección y planificación de la actividad industrial, acorde con nuestro desarrollo.

Para todo ese trabajo se contó con la asesoría de especialistas latinoamericanos, muchos de los cuales ya colaboraban con el Che; unos eran de la Comisión Económica para América Latina y el Caribe (CEPALC),[9] y otros de Naciones Unidas, además de intelectuales progresistas y los técnicos de diferentes países socialistas.

Con esas acciones se logró impulsar un sector vital, se ampliaron sus esferas y radio de acción, se introdujeron ramas como la automatización y la electrónica, y se crearon centros de investigación, todo lo cual repercutía en el desarrollo científico y tecnológico del país. Para ello se contaba con la pasión que le imprimía el Che a todas las tareas que asumía.

El Che dejó entre nosotros, como él mismo expresara, «lo más puro de sus esperanzas» como constructor, con su enorme capacidad para combinar coherentemente pensamiento y acción. Era de una estatura ética sin par.

Quizás, en ese actuar revolucionario y en el fervor que ponía en todo lo que hacía, podemos apreciar su capacidad para contribuir a la formación de un hombre nuevo acorde con nuestra sociedad, con lo que siempre soñó. En la materialización de esos sueños, su obra y su ejemplo serán siempre acicates.

El trabajo se multiplicaba; el Che continuaba con sus obligaciones en la política exterior de la Revolución, lo que le permitía apreciar y conocer, de primera mano, las experiencias y las posibles vías si queríamos transitar por un sistema social diferente: el socialista.

Los primeros pasos de consolidación dentro del Ministerio contaron con la colaboración efectiva de muchos técnicos de los países socialistas, que contribuyeron a su mejor desempeño. El desarrollo científico-técnico que tanto precisábamos para lograr poner en marcha la nueva industria cubana, sin dudas marcó el derrotero de los nuevos tiempos en esa importante esfera de la economía.

Esas apreciaciones forman parte de mis recuerdos más entrañables, porque a pesar de continuar en mi modesto papel de secretaria personal, tuve el privilegio de ver crecer algo que sabíamos de antemano que nos sobrepasaba. Sobre todo, vi ascender a ese hombre que había conocido en circunstancias diferentes y lo vi renovarse cada día con nuevos bríos, inyectado por el espíritu que solo los que poseen el don de la entrega sin límites son capaces de manifestar. Creo, sinceramente, que el Che era un hombre en permanente crecimiento.

El año 1961 fue otro año difícil, porque a la par que avanzaba el proceso revolucionario y aumentaba el apoyo del pueblo, el enemigo, tanto de fuera como de dentro, se hacía sentir con más saña, consciente de que se le escapaba una de sus prendas más apetecibles, la paradisíaca Isla de Cuba, a la que habían convertido por años en un antro de corrupción y pillaje.

El contraste era muy marcado. Frente a un pueblo que estaba construyendo su futuro, pretendía alzarse el pasado lleno de injusticia y miseria, encarnado en lo más retrógrado de nuestra sociedad. Por eso no es difícil de explicar ni de entender por qué cuando se anunció, en aquel memorable abril, un posible ataque enemigo, toda una masa inmensa, incluidos quienes hasta esos momentos no se habían definido totalmente, se lanzó a defender lo conquistado en apenas un año y meses de Revolución, en constante vigilia y alerta ante cualquier ataque enemigo.

El Che como jefe militar de occidente se encargó, con el sentido del deber que lo caracterizaba, de preparar la zona para enfrentar a los yanquis si osaban atacarnos. Muchas veces juntos hacíamos el recorrido, porque necesitaba observar los diferentes parajes de la región y valorar su ubicación estratégica en el caso de invasión o penetración clandestina.

El Ministerio y todo su personal se levantaron como uno más, dentro de los tantos bastiones dispuestos a enfrentar al enemigo. El Che partió de inmediato para Pinar del Río a ocupar su responsabilidad como jefe militar de la región de occidente. De inmediato todos nos movilizamos; nosotras por nuestra organización femenina, la FMC.

En esas peculiares circunstancias recibí la noticia de que el Che estaba herido y de que debía trasladarme hacia la provincia para atenderlo. Él pidió que no me dijeran lo ocurrido, o por lo menos hasta que no se supiera la gravedad del asunto, pero era imposible evitar que la noticia corriera. A mí me llegó directamente de Fidel, siempre comprensivo y amigo entrañable. Llevé a nuestra hija Aliucha —así llamábamos a Aleidita— a casa de Celia Sánchez, a pedido de ella, porque era un lugar seguro —a donde volví dos días después del aciago viaje para recogerla—. Fue uno de los momentos más angustiosos por los que he pasado, sin conocer con exactitud lo sucedido ni lo que me iba a encontrar. Fue un viaje muy tenso, con la carretera repleta de tanques y combatientes movilizados.

Llegué en la madrugada. Al Che, en fase ya de recuperación, recién lo habían sacado del salón de operaciones. Me le acerqué y en mi nerviosismo, feliz al saber que no había sucedido nada grave, le dije que había tenido mucha suerte de que el tiro no le hubiera dañado ningún órgano. Me respondió sin pensarlo, de una manera jocosa: «qué suerte ni un carajo, entre tantos tiros tenía que tocarme este a mí», y pasó a explicarme lo que había ocurrido, como consecuencia de un descuido de su parte, se le había caído la pistola, que estaba sin seguro dado el carácter de los acontecimientos, y el tiro le había entrado por la mejilla y salido por detrás de la oreja, siguiendo una ruta salvadora porque de cambiar siquiera unos milímetros, otro hubiera sido el resultado.

Ya hasta en las calles se comentaba acerca del desembarco enemigo y el Che apenas se recuperaba. Al otro día, a pesar de mis ruegos, partió al encuentro con Fidel, que ya estaba ubicado muy próximo a Girón, con el objetivo de ultimar detalles cruciales, porque se rumoraba que iban crear otras cabezas de playa en Bahía Honda y Cabañas, áreas que se encontraban en la jurisdicción bajo el mando del Che, además de la zona conocida como Bahía de Cochinos, en la antigua provincia de Las Villas.

Con la misma rapidez con que fui a su encuentro, él mismo me regresó de nuevo para La Habana, para atajar cualquier sugerencia o imprudencia de mi parte; recogimos a la niña y nos dejó en la casa. Pensé que el Che no podía seguir combatiendo a consecuencia de la herida recibida y con las condiciones de amenaza en que se encontraba la provincia a su cargo, pero me equivoqué. Después de coordinadas las tácticas a seguir con Fidel, regresó a Pinar del Río, y desde allí conoció la aplastante derrota del enemigo en las arenas de Playa Girón, el 19 de abril de 1961, después de asegurarse de que la amenaza lanzada a otros territorios, como Bahía Honda y Cabañas, no eran más que maniobras de desinformación enemigas.

De vuelta a la normalidad, seguros y optimistas por el triunfo alcanzado, todos sentíamos una atmósfera más limpia, con nuevos alientos y nuevas metas. Advertíamos en nosotros mismos la fuerza que solo la verdad puede dar, después de vencer escollos aparentemente insalvables.

Continuamos con la Campaña de Alfabetización, que muy a pesar del enemigo, no se vio afectada ni detenida; por el contrario, la enseñanza se extendió a los lugares más recónditos y olvidados del país. Estábamos convencidos de que este era el paso necesario para poder dar el salto cualitativo, que implicaría no solo el apoyo incondicional de las masas, sino sobre todo su participación plena e integral, sustentada en un mayor nivel cultural.

Los trabajadores del Ministerio nos incorporamos a la Campaña de Alfabetización en barrios marginales que aún existían en la capital. Allí, además de llevar la enseñanza, nos percatábamos de lo mucho que había que hacer todavía por revertir el pasado.

Yo alfabeticé en el otrora famoso barrio Las Yaguas, una zona de riesgo, en la que pude apreciar las lacras subyacentes, que solo con un apoyo colectivo podíamos vencer. El cuadro de la familia que me tocó era traumático. A la madre, que tenía apenas treinta y nueve años pero que parecía de sesenta, le seguían un número de hijos de diferentes padres, todos analfabetos. A una de las hijas, de catorce o quince años, logré enseñarle las primeras letras, con mucho esfuerzo, porque era empleada doméstica en dos casas donde apenas le pagaban dos pesos con cincuenta centavos al mes. Al lado vivía otra hija a la que no pude alfabetizar; estaba casada con un alcohólico y fue prácticamente imposible acercarme a ella. Al terminar la Campaña, a través de la FMC, traté de que se siguiera el caso y se convenció a la mamá y a una de las hijas para que trabajaran. Fueron ubicadas en Ciudad Libertad como empleadas de servicio dentro del sistema de becas, que se instauró para todos los alfabetizadores que desearan continuar sus estudios. En definitiva, se pudieron alfabetizar, pero no logramos sacarlas del ambiente insano en que vivían. Mucho había que luchar y construir para eliminar todo aquello que reñía a brazo partido con la obra bienhechora de la Revolución. Pero no nos amilanamos, porque sabíamos que podíamos avanzar y vislumbrar el mañana.

En todo este quehacer conté siempre con el apoyo del Che, tanto en lo personal como en lo familiar. Como toda pareja teníamos que buscar soluciones a los problemas que se presentaban, sobre todo porque mi familia era de origen muy humilde y necesitaba nuestra ayuda. Asumimos la tutoría de mi sobrina Miriam, una de las hijas de mi hermana, que había muerto siendo yo una adolescente. Creo que contribuimos en su formación política y cultural, además de brindarle nuestro afecto. Cuando Miriam decidió casarse en 1965, a petición del Che la boda se realizó en marzo, después de su regreso del recorrido por África, y hasta prestó su carro para que llevaran a los novios al viaje de luna de miel.

Todo esto, por supuesto, ocurría en medio de una vorágine arrolladora, porque el trabajo aumentaba cada vez más y para estar un poco más cerca del Che tuve a veces que hacer dejación del cuidado de los niños, y sacrificar un poco mi vida como madre, apoyada en mi familia y en los compañeros de la guarnición que fielmente permanecían entre nosotros. Dentro del Ministerio, Manresa —que fue siempre su jefe de despacho— y yo logramos ponernos de acuerdo y establecimos una división del trabajo, según la cual me encargaría esencialmente de su correspondencia personal.

Una vez al mes acompañaba al Che en las visitas que efectuaba a las provincias, y a través de las cuales palpaba por sí mismo el avance que estaba experimentando el desarrollo industrial del país. Era su método de trabajo lo que le permitía acercarse lo más posible a los trabajadores y sentir de cerca sus necesidades y poder contribuir a sus soluciones. En esos casos, ocupaba mis funciones de secretaria, tomaba nota de lo tratado y compartía el trabajo. Eran momentos que disfrutábamos, sentíamos que nos acercaban más y podíamos compartir una intimidad que en otras circunstancias no podíamos lograr. Si se quiere era un poco de egoísmo, en medio de las largas horas que teníamos que sacrificar por el bien de todos. Incluso en estas jornadas pude darme cuenta de lo infundados que habían sido mis celos en alguna que otra ocasión, sobre todo en los primeros tiempos de nuestra unión. Pude comprender que para el Che el trabajo tenía un significado muy elevado, al que no renunciaba por obtener una distracción pasajera.

En la medida que el tiempo pasaba, esas visitas se intensificaron, porque a través de ellas podía evaluar la construcción y el funcionamiento de las nuevas fábricas, y tener contacto directo con el equipo de dirección. Consideraba este último aspecto de vital importancia para alertar de forma permanente, de modo que no se cayera en el facilismo, la complicidad y el burocratismo de la administración, el Partido y el sindicato, a los cuales llamaba la «unión de la Santísima Trinidad». A su juicio, estos problemas eran de los que más erosionaban el socialismo existente. En muchos de sus escritos y discursos de esa etapa insistió reiteradamente en los enormes problemas que se creaban cuando el Partido, sobre todo en las provincias del interior del país, tendía a suplantar el papel de la administración; práctica inconcebible, desde su punto de vista, en la creación de la nueva sociedad.

Aprovechaba también para visitar otros lugares de importancia constructiva como la costa sur de Santiago de Cuba hasta el Caney de las Mercedes, revisar y detectar deficiencias, que anotaba en su libretita de apuntes o en mi agenda, para al regreso hacérselas llegar al ministerio correspondiente.

De igual forma, contactaba con campesinos de la zona, los que se le acercaban para trasmitirle sus problemas, convencidos de que serían escuchados. Son aleccionadores casos como el de Argelio Rosabal, un bautista de la Sierra Maestra que apoyó al Che y a su grupo, después del desembarco del *Granma*. Argelio había pedido una tierra para construir una iglesia y esta le fue entregada a inicios de 1959, pero después alguien que no conocía los hechos se la quiso quitar, por eso el Che tuvo que tomar las medidas pertinentes para que le fuera devuelta. O como el de Polo Torres, el capitán descalzo, que tantas acciones ejecutó en la columna del Che y que siempre, al conocer de su visita, trataba de verlo y conversar de lo que estaba sucediendo por la zona.

Dentro de todo esto, ya habíamos construido nuestros espacios más íntimos a pesar de la enorme carga de trabajo que tenía que desplegar el Che y de sus horarios irregulares. Se levantaba alrededor de las nueve o las diez de la mañana, desayunaba un café amargo y una porción de flan de leche que comía apresuradamente y que disfrutaba con placer porque era de las cosas que más le gustaban, sentado en la mesita de la cocina mientras yo terminaba de prepararle el supuesto desayuno. El café se lo preparaba yo, mientras tomaba su agua gaseada en una copa verde que siempre utilizó en los últimos tiempos, acompañada de una tacita «especial» que le regalé. Pero cuando tenía que recibir en horas de la mañana a un visitante o a alguna delegación en el aeropuerto, desde el propio Ministerio me avisaba que se quedaría a descansar allí al menos una hora, aunque en realidad eso ocurrió muy esporádicamente.

Yo salía de la casa sobre las once de la mañana y regresaba a las diez o las doce de la noche, en dependencia de su agenda de trabajo. Aunque en contadas ocasiones, recuerdo que en ese tiempo fuimos varias veces al cine, también visitamos algún autocine o teatro y la salita del Instituto Cubano de Arte e Industria Cinematográficos (ICAIC), dirigido por Alfredo Guevara, hombre culto y de sensibilidad extrema, al que nos unía un fuerte lazo de amistad. De algunas de esas visitas al ICAIC existen fotos en las que estamos compartiendo con amigos muy queridos y también con invitados del gobierno.

Desde los primeros momentos, el Che participaba en las recepciones organizadas por las embajadas acreditadas en el país, como parte de sus funciones dentro de la política exterior. En la mayoría de los casos, si mis embarazos me lo permitían, lo acompañaba. Me llamaba desde la oficina para que me preparara y nos reuníamos en la casa o en el ministerio, en dependencia del tiempo de que dispusiéramos.

De mi asistencia a aquellas recepciones quedó una anécdota. El Che se enteró, a partir de una llamada casual —lo que habitualmente llamamos un cruce telefónico—, de un comentario sobre mi ropa. Llegó a la casa preguntándome que si era cierto que yo había llevado siete veces el mismo vestido a las recepciones; le rectifiqué que no eran siete sino ocho. Se trataba del único vestido de embarazo más o menos apto que tenía para esos convites y estaba obligada a llevarlo para no desentonar con él, que siempre iba en ropas de trabajo.

Así disfrutábamos nuestros momentos, compartíamos los libros que ya se había leído, con esa capacidad que tuvo durante toda su vida de ser un lector muy voraz. Prácticamente leía un libro por día, aprovechando cualquier espacio libre que tuviera, sobre todo en el trayecto de un lugar a otro. Entre sus libros preferidos se encontraban *El Quijote*, que había leído más de seis veces, y *El capital*, al que consideraba un monumento del saber humano.

Siempre procuraba orientarme en las lecturas que estimaba imprescindibles e incluso en ocasiones las comentábamos. Leíamos casi toda la literatura importante de América Latina, la narrativa rusa y soviética y a los mejores cuentistas norteamericanos. Debido a mi gusto por la historia novelada me sugirió que comenzara a estudiar Historia, aunque en el año 1961 me insistió para que matriculara Economía. No quise hacerlo, para atender a Aliucha y también porque no deseaba estar tanto tiempo alejada de él. Una vez más predominó mi deseo de permanecer más tiempo a su lado.

Confieso que sobre el tema de su atención personal existía un dejar hacer por parte de ambos: en mi caso se justificaba por mi cariño hacia él. En el suyo, porque experimentaba un placer muy íntimo, por disfrutar de algo que hasta esos momentos no había tenido y que le complacía muchísimo; había acumulado «una apetencia de hogar terrible»; por ejemplo, tener a su lado a alguien que se preocupara por prepararle el baño, que se convirtió casi en un ritual —le gustaba bañarse con el agua bastante caliente—, y el desayuno; eran pequeñas cosas que complementaban muchos años de búsquedas y añoranzas y yo sentía que no podía regateárselas. No siento ningún resquemor ni lo considero una debilidad; por el contrario, al seguir el curso de los acontecimientos lo valoro como cierta percepción intuitiva para vislumbrar el horizonte.

También en el año 1961, el Che visitó de nuevo la Unión Soviética para reforzar la colaboración y el apoyo logístico que desde siempre nos brindaron para la defensa ante los ataques enemigos y en el preludio de lo que sería la denominada «crisis de los misiles» en octubre de 1962. Por mi parte, viajé a China con una delegación de la FMC. Con un mes de embarazo de mi hijo Camilo, me vi obligada a hacer reposo en algún momento del recorrido. No obstante, me sentía muy entusiasmada por conocer el país, quizás influida por lo me había contado el Che. Pedí conocer las comunas, que no despertaron en mí la misma apreciación. Si bien era cierto el inmenso trabajo que en ellas se estaba haciendo y que asombraba realmente sentir cómo se experimentaba la construcción del socialismo en un mundo diferente al que conocíamos, me chocaban las enormes carencias y restricciones que tenían y ver a todos vestidos igual, como si estuvieran uniformados. Tendrían que pasar mucho tiempo y sacrificios generados por nuestra verticalidad en los principios, para poder entender todo aquello.

Como cuando se acercaban a nosotras y nos demostraban el amor que sentían por nuestro pueblo y su Revolución; y cómo nos explicaban lo que estaban construyendo, con un verdadero y sentido mensaje de solidaridad. En algunas visitas compartimos juntos y cantamos el Himno del 26 de Julio en español. Estábamos admiradas, porque calculábamos el tiempo que tuvieron que dedicar para hacernos sentir más cercanas a ellos. Era una atmósfera verdaderamente emocionante, con un calor humano que nos hablaba de lo que ocurría en ese inmenso país, totalmente diferente a lo que se leía en los libros y en la prensa internacional.

Con el tiempo aprecié el enorme sacrificio que ese extraordinario pueblo hacía para construir una nueva vida y lo valoré aún más cuando pude conocer con mayor profundidad su historia milenaria y su literatura, donde se reflejaban sus enormes valores culturales y humanos.

Esas sensaciones borraron las primeras impresiones. También pude darme cuenta de lo advertido por el Che y de su optimismo por lo que vio. De regreso, en el mes de noviembre, estuve en la URSS, donde aprecié otro nivel de desarrollo, a pesar del escaso tiempo que permanecí allí. Por cierto, cuando pasé por ese país, ya yo había recibido clases de idioma ruso y creía que dominaba parte del vocabulario. No obstante, hice el papel más ridículo de mi vida cuando intentaba hablar; los niños me rodeaban cada vez que abría la boca y mis compañeras de delegación se burlaban a más no poder. En medio de todo, para mí fue una experiencia muy divertida.

Finalizó 1961, un año que se vivió a tope y con igual intensidad, para dar paso a 1962, que presagió convertirse en un período muy convulso, pero a la vez colmado de nuevos proyectos y satisfacciones.

A pesar del tiempo transcurrido, describir los intensos días vividos durante la llamada Crisis de Octubre me produce idéntica sensación. Nunca como en ese momento la humanidad estuvo ante el peligro real de una confrontación armada de incalculables proporciones. Después del ataque mercenario a Playa Girón y ante la permanente amenaza de invasión norteamericana, Cuba, en un acto de legítima y soberana defensa, decidió aceptar la oferta de la Unión Soviética de emplazar misiles nucleares en nuestro territorio con el objetivo de frenar las pretensiones de los Estados Unidos.

Los emplazamientos de estas armas estratégicas fueron detectados por aviones espías. Lo que motivó la denuncia del gobierno norteamericano. Se caldearon las relaciones internacionales y se profundizó el enfrentamiento entre los bloques mundiales. El diferendo alcanzó una escalada de tensión. En su solución, lamentablemente, no intervino Cuba, ni se tomaron en cuenta los criterios y posiciones de nuestro gobierno revolucionario, lo que nos obligó a mantener posiciones de principio y a no doblegarnos ante las exigencias y chantajes del imperialismo. La retirada soviética de los misiles fue inconsulta. No permitimos la inspección por las Naciones Unidas.

Nuestro pueblo mostró ecuanimidad y arrojo en el transcurso de los acontecimientos. Tanto coraje y valor derrochados dejaron en el Che sentimientos que le hicieron subrayar en la carta de despedida que dejara a Fidel: «He vivido días magníficos y sentí a tu lado el orgullo de pertenecer a nuestro pueblo en los días luminosos y tristes de la Crisis del Caribe».

La vida transcurría en su eterno renacer y en el plano familiar, en el mes de mayo, se cumplió para el Che uno de los mayores deseos de su vida; sintió su ego de hombre multiplicado con el nacimiento del esperado varón, su hijo Camilo.

Muchas anécdotas se cuentan sobre la alegría que experimentó cuando le dieron la noticia, que si se puso el tabaco al revés cuando quiso fumar, que si quiso buscar flores para regalarme y no las encontró, que si apenas logró secarse al salir del baño en su prisa por ir a vernos; otras más pudieran existir, ciertas o no, pero lo real se reflejaba en la felicidad de su rostro cuando se acercó y pudo sentir la presencia de su hijo. En realidad, se mantuvo cerca todo el tiempo en espera del nacimiento del niño.

Ya la familia crecía, a Hildita se le sumaban Aliucha y Camilo, y los que con posterioridad vendrían. Teníamos la sensación de que estábamos construyendo nuestro pequeño mundo, con un hogar peculiar, especie de refugio íntimo, que compartíamos con amigos y familiares y en el que comenzaban a establecerse costumbres, algunos hábitos y gustos que se reafirmarían con el traslado a una nueva casa, que pensé sería la última y así fue.

La nueva vivienda, situada en la calle 47 entre Conill y Tulipán, en Nuevo Vedado, aunque no la escogimos de modo particular, sí surgió por una decisión que yo había tomado y que el Che compartió, con alguna que otra advertencia. Anhelaba tener un hogar separado de la guarnición y en el cual me sintiera un poco más independiente y, sobre todo, sentir que no vivía en una especie de cuartel. Necesitábamos más tiempo para estar realmente solos, a pesar de los muchos compromisos y las dificultades que se afrontaban con el peso de un hogar propio.

Empezaba de este modo lo que creía era definitivo. La guarnición al lado de la casa, con relativa distancia; la asunción de tareas que hasta esos momentos no eran de mi obligación: la cocina, la limpieza y otras de igual índole, que pude realizar con el apoyo de amigos y familiares y, sobre todo, con la ayuda inapreciable de algunos soldados que siempre consideré de la familia: Rafael Hernández Calero (*Felo*), y Misael Fernández, pilares con los que conté incondicionalmente hasta después de la desaparición del Che. Eran campesinos nobles y bondadosos y que fueron refugio para los niños, ante el vacío que dejó la ausencia de su papá. Así sucedió también con la irrupción en el nuevo hogar de Sofía Gato, noble y afectuosa, quien llegó para ayudarme en el cuidado de mi hija Aliucha y terminó siendo un miembro más de la familia.

En este recuento de afectos y presencias imprescindibles, no puedo dejar de mencionar al famoso Muralla, el perro leal de la casa, motivo también de anécdotas y leyendas. Su entrada en nuestras vidas se produjo cuando me lo regalaron en Ciudad Libertad. Me lo llevó un soldado de la columna, y lo traje a vivir con nosotros, para completar el ambiente familiar que durante un tiempo nos identificó y que ha sido reproducido en múltiples fotos de la época.

Tampoco se me olvidan los amigos de siempre y cuya presencia se mantiene como una constante: Harry Villegas, Alberto Castellanos, Leonardo Tamayo; y otros, ausentes, como Hermes Peña, fiel compañero que cayó en Salta, Argentina, luchando por la liberación de nuestra América, o que pasaron a ocupar diferentes responsabilidades, como es el caso de Carlos Coello, quien con posterioridad acompañó al Che en las misiones del Congo y Bolivia, donde cayó en combate, o *el Chino* (Felipe Hernández). Asimismo pienso en Oscar Fernández Mell, que también vivió en esta nueva casa durante un tiempo, hasta su matrimonio.

Creo que la decisión de mudarnos —a pesar de que la nueva casa nunca me gustó del todo— nos unió mucho más. No sé si es que tomamos conciencia ambos de lo que significaba poseer un hogar más nuestro y al que le estábamos imponiendo un sello particular. Era en definitiva nuestra primera casa, algo más íntimo y acogedor.

A partir de aquí, tendríamos lo mismo que el resto de la población, en lo que a alimentación se refiere; es decir, la libreta de artículos normados que tenían todos los ciudadanos del país. Esto lo destaco con especial interés, porque a veces he visto publicado que nosotros comíamos con dos libretas, idea motivada quizá por una respuesta medio en broma dicha por el Che, cuando en realidad esas cosas no eran de su interés. Los asuntos domésticos los manejaba solo yo, al igual que pagaba el alquiler de la vivienda, cuarenta pesos mensuales, que salían del salario del Che que era de cuatrocientos cuarenta, porque yo en esos momentos nunca recibí sueldo alguno.

Todo eso formaba parte de la cotidianidad de nuestras vidas. Después de que el Che se marchó seguí recibiendo el mismo salario, y cuando mis hijos fueron creciendo y haciéndose profesionales renunciaron paulatinamente a la parte que el Estado les otorgó para su manutención. Hemos tratado de vivir acorde con los dictados éticos de la Revolución y, por supuesto, al respeto y a la fidelidad que le debemos a la manera de ser y actuar del Che.

Con la nueva casa nacieron nuestros otros hijos: Celia, el 14 de junio de 1963 —a velocidad supersónica, porque Camilo solo tenía trece meses—, y Ernesto, el 24 de febrero de 1965, cuando aún se encontraba el Che en Argelia, en el último recorrido que realizaba en su condición de dirigente de la Revolución. Al enterarse de la noticia del nacimiento de este hijo, le envió un telegrama, mezcla de añoranzas y nostalgias, porque al fin había nacido el segundo «Tete», apodo que le había dado su familia a él mismo de pequeño:

Ernesto Guevara March
(entregarlo en su casa o en la clínica)
Habana.
Tete dile a la vieja que no voy a comer. Que se porte bien.
Dale un beso a tus hermanitos.
Tu viejo.
Argel, 24-2-65.

Solo puedo decir, no importan las razones, que nuestra vida en pareja encontraba otros asideros, los que a pesar de la separación siempre se alimentaron de amor y responsabilidad compartidos.

Me sabía poseedora de una familia y un hogar; imperfectos, no lo dudo, pero míos; por lo que nunca reparé en carencias: sabía que tenía que ser igual al de todos los cubanos, que vivíamos tiempos de deberes y sacrificios; contaba con un compañero, que aunque quizás en apariencia no se detenía en los detalles, de haber visto o sentido cualquier diferencia nunca la habría permitido. Puedo afirmar que al Che nunca le importaron las cosas materiales, eran ajenas a su forma de experimentar la vida.

Así fuimos construyendo nuestro hogar, donde no nos faltó la presencia de amigos y familiares de ambos. Se combinaban las tareas con el disfrute de pequeños momentos, despojados de solemnidades y protocolos; éramos un hombre y una mujer repletos de amor, sueños y esperanzas, que actuábamos simplemente acorde con nuestros deseos y gustos.

El trabajo siempre intenso era una constante, pero nunca nos olvidamos de añadirle un tono muy nuestro. Podría brindar muchos ejemplos, aunque sin dudas el trabajo voluntario sería el más ilustrativo, no solo porque el Che fue su creador y su más constante promotor, sino también porque pude darme cuenta de la forma en que sentía y disfrutaba plenamente aquello de la entrega ilimitada del ser humano, sin reparar ni distinguir entre el trabajo cotidiano y la cuota extra, apartada del formalismo y el cumplimiento de metas, encaminada sobre todo a su formación política y cultural, tal como había expresado en múltiples ocasiones. Era la simiente del nuevo tipo de hombre.

Haydee Santamaría lo plasmó con sentida emoción en el retrato que hizo, al conocerse la noticia de su muerte: «todo lo que creaste fue perfecto, pero hiciste una creación única, te hiciste a ti mismo, demostraste cómo es posible ese hombre nuevo, todos veíamos así que ese hombre nuevo es realidad, porque existe, eres tú...».

Participó todos esos años en sesiones nocturnas de trabajo voluntario en diferentes empresas, y lograba cumplir las horas establecidas, en un ejercicio casi mágico, pues incluso hoy asombra a muchos cómo en medio de tantas responsabilidades disponía de tiempo para ello. De igual forma, lo hizo en las históricas Zafras del Pueblo, donde dirigentes y masa se unían en comunión de fuerza e ideales.

Nunca faltaron anécdotas simpáticas en que a veces el Che era el centro de las bromas, por alguno de sus defectos visibles: un día, al finalizar la jornada de trabajo voluntario tocaron el Himno Nacional y nos paramos todos. Al poco rato se escuchó un himno y vimos cómo el Che se paró rápidamente y preguntó por qué lo repetían: era que habían puesto las notas del Himno del 26 de Julio, pero su escaso o, más exactamente, nulo oído musical, le impedía diferenciar unas notas de otras.

Finalizada la jornada dominical de trabajo voluntario, después de una semana ardua, llegaba a la casa cansado pero con muchos deseos de disfrutar de sus hijos. Se quitaba la camisa y jugaba con ellos en el suelo; después almorzábamos acompañados siempre de algún invitado, Pepe Aguilar, amigo de la infancia, Teresita Orizondo y otros, y donde no faltaban los cuentos en la mesa, en los que el Che competía en primera fila y cuando se podía, disfrutaba también de un vino tinto mezclado con agua, una costumbre muy argentina que nunca perdió, y que constituía uno de los pequeños gustos que se daba en ocasiones.

En los últimos tiempos de permanencia en Cuba, después del almuerzo, tomaba un baño y por la tarde se iba al Ministerio para tener reuniones con los directores de empresa, quizás pensando ya en su inminente partida y por la necesidad que sentía de dejar claramente establecido el funcionamiento adecuado de las diversas estructuras incorporadas al Sistema Presupuestario de Financiamiento, como soporte de sus concepciones económicas, que diferían del sistema vigente en los países socialistas, y que estaban centradas sobre todo en la formación de un hombre nuevo en consonancia con la verdadera teoría marxista, alejada de todo dogma e imbuida de un fuerte espíritu creador.

Algún sábado en la noche se sentaba a ver el boxeo por la televisión. Cada vez que lo recuerdo me resulta simpático, porque no concebía que un hombre con tanta sensibilidad disfrutara de las peleas con un gesto en el aire, como si quisiera estar en el combate y dar algún que otro golpe. Quizás era un juicio mío, motivado por el rechazo que todavía hago al ver un deporte que se fundamenta en un enfrentamiento de ese tipo. Que me perdonen los entendidos.

En la casa, con frecuencia, solía trabajar en su despacho, ubicado en la planta alta, donde gozaba de total tranquilidad. Fue un lugar que disfrutó en organizar y en el que depositó parte de sus libros más preciados, muchos de los cuales tienen sus marcas personales, anotaciones y comentarios, como parte de sus costumbres más arraigadas. Existe una foto en la que aparece ordenando los estantes. Es un lugar pequeño, como una especie de refugio íntimo. Al entrar se siente su presencia permanente, porque la forma y el contenido de los libros colocados en los estantes proporciona una información de primera mano acerca de sus intereses y gustos, que en cierto modo le dan continuidad a las lecturas de su adolescencia. Se encuentran textos de literatura universal y de sus poetas

latinoamericanos preferidos: Pablo Neruda y César Vallejo; biogra-
fías, historia, ciencias, economía, filosofía general y, en particular,
los clásicos del pensamiento marxista. Asimismo se pueden ver
ejemplares sobre el pensamiento militar, ensayos políticos y socio-
lógicos y manuales de ajedrez, entre otros. Sin embargo, lo más
impactante es cuando se examinan los libros y se ven las marcas y
los comentarios escritos por el Che y que demuestran que el despacho se convirtió en un lugar de estudio y reflexión.

Ese lugar, además, sirvió de resguardo personal para conversar con compañeros latinoamericanos que junto a él compartían el
sueño de redimir nuestro continente. Sus paredes son mudos testigos de muchos planes que, alcanzados o no, formaron parte de los
anhelos más puros de una generación.

En todo ese tiempo no faltaron los viajes, cada vez más extensos,
en el cumplimiento habitual de sus funciones y también el deseo
manifiesto de regresar cuando las estancias eran muy prolongadas.
Su último y definitivo periplo por África, que le tomó más de tres
meses, así lo demuestra, cuando desde París, donde se hallaba en
una corta estadía, y recorriendo el Museo del Louvre, me envía una
tarjeta postal con un retrato de Lucrecia Crivelli, pintado por Leonardo da Vinci, en la que me dice:

> Mi querida:
>
> Soñando en el Louvre, contigo de la mano, te vi representada
> aquí; gordita, seria, con una sonrisa un poco triste (tal vez por-
> que nadie te quiere) esperando al amado lejano (será el que yo
> creo, u otro?)
>
> Y te solté la mano para verte mejor y adivinar lo que se esconde
> en el seno pródigo. Varón, verdad?
>
> Un beso y un abrazo grandote para todos y el especial para ti, de
>
> Mariscal Thu Che

Se encontraba en una etapa muy fecunda, resultado de la experiencia adquirida en esos tiempos de Revolución y en todos los años que dedicara a reforzar su vasta cultura. Releer muchos de los discursos que pronunció y los trabajos que escribió permitiría definir, en toda su dimensión, la talla que había alcanzado en apenas cinco años de Revolución. Pudiera incluir muchos ejemplos y detalles, pero basta solo mencionar su discurso en Ginebra en marzo de 1964, con motivo de la Conferencia Mundial de Comercio y Desarrollo, o en Naciones Unidas en diciembre de ese mismo año, en su XIX Asamblea. Ambos son el reflejo de su estatura y dimensión: «En su condición de latinoamericanos y subdesarrollados, se unirá a demandas principales de los países hermanos, y en su condición de agredido denunciará desde el primer momento todas las maquinaciones programadas por el aparato de coerción del poder imperial de los Estados Unidos de América».

Con iguales propósitos pronuncia en Naciones Unidas palabras proféticas:

> Cuba viene a fijar su posición sobre los puntos más importantes de controversia y lo hará con todo el sentido de la responsabilidad que entraña el hacer uso de esta tribuna; pero al mismo tiempo, respondiendo al deber insoslayable de hablar con toda claridad y franqueza.
>
> Quisiéramos ver desperezarse a esta Asamblea y marchar hacia adelante, que las comisiones comenzaran su trabajo y que este no se detuviera en la primera confrontación. El imperialismo quiere convertir esta reunión en un vano torneo oratorio en vez de resolver los graves problemas del mundo: debemos impedírselo. Esta Asamblea no debiera recordarse en el futuro solo por el número XIX que la identifica. A lograr ese fin van encaminados nuestros esfuerzos.

Un rasgo de su personalidad que lo hace muy especial, la ética que consecuentemente practicó, se podría ilustrar con un sinnúmero de detalles de su vida laboral y política, pero prefiero hacerlo con ejemplos de su comportamiento familiar. En sus múltiples viajes, como una costumbre establecida, siempre los anfitriones le entregaban algunos presentes, incluso de valor. Le hacían finos regalos para su esposa, y él los repartía a otros si los consideraba demasiado ostentosos. Eso nunca me molestó y él lo sabía; aunque reconozco que algunas cosas me gustaban y hubiera querido disfrutarlas. No obstante, siempre seleccionaba telas, chinas o japonesas; algunos objetos típicos de países africanos y otros, que todavía conservo.

Asimismo, obsequió un televisor a colores que me habían mandado —en aquella época era algo así como un artículo inimaginable— a un trabajador seleccionado vanguardia dentro del Ministerio. Otras cosas menos personales las repartía colectivamente; en una ocasión recibió, después de una de sus visitas a Argelia, un barril de un vino excelente. Al llegar a la casa me dijo que lo repartiera a la guarnición que estaba situada al lado de nuestra vivienda. No siempre obedecí incondicionalmente sus mandatos, en especial este: el vino formaba parte de los pocos gustos que se concedía, y guardé en esa ocasión unos cinco litros para la casa.

En el Che permanecían de forma invariable su alto sentido de la equidad y su espiritualidad, que yo me permitía el lujo de quebrantar un poco, a sabiendas de que con eso no faltaba en nada a sus principios y sí le proporcionaba, en cambio, un pequeño placer. Eran decisiones que siempre defendía y que no me pesan en lo absoluto.

De igual forma, repartía los melocotones y los dátiles —entregados como una excepción a Fidel—, porque sabía que le gustaban mucho.

En muy contadas veces compró algún regalo pues alegaba que no se podía usar el dinero del Estado para gustos personales. En cambio, enviaba siempre tarjetas desde los diferentes países que visitaba. Incluso, en 1965, en uno de sus últimos viajes, antes de su salida definitiva para el Congo, me escribió desde el avión, diciéndome que desde el país que fuera me iba a comprar algo, que no sería la sortija con una piedra autóctona de la región que me había prometido en algún momento anterior:

Mi querida:

Es la última en mucho tiempo, quizás. Pienso en ti y en los pedacitos de carne que dejé detrás. Este oficio deja mucho tiempo para pensar, a pesar de todo.

No te mando el anillo, porque pensé que no era correcto gastar dinero en eso, ahora que lo necesitamos tanto. Te mandaré algo del punto de destino. Ahora te mando un par de besos apasionados, capaces de derretir tu frío corazón; divide uno en pedazos para los niños. Dale otros más moderados a los suegros y los demás componentes de la flia. A la pareja de recién casados un abrazo y las recomendaciones de que al primero le pongan Ramón.

En las noches del trópico volveré a mi viejo y mal ejercido oficio de poeta (no tanto de composición como de pensamiento) y tú serás la única protagonista.

No dejes de estudiar. Trabaja bastante y recuérdame de vez en cuando.

Un último, apasionado, sin retórica, de tu

Ramón

Sin embargo, a su regreso me dijo que lo había pensado y no podía gastar un dinero que no era suyo, así que otra vez me quedé con los deseos de un regalo. Quizá por eso, cuando se marchó, me dejó su reloj con toda su carga simbólica.

Nada de esos minúsculos detalles tuvo importancia, como tampoco el que no quisiera que lo acompañara en alguno de sus viajes al exterior. Ya mencioné cómo desde el año 1959 había dejado sentado ese precedente, a pesar de los buenos oficios de Fidel, que en varias ocasiones intercedió para que me llevara, pero él alegaba siempre que era un privilegio que no podía tener. En la renuncia a esos pequeños placeres, que sin duda hubiera disfrutado, se encuentra una parte de la esencia de un carácter que tanto conmueve a muchos de los que en todas partes del mundo lo consideran como un hombre de cualidades superiores.

Recuerdo que en algunas ocasiones, para poder hablar con él por teléfono tenía que ir hasta la calle 11, donde se encontraban, en ese entonces, las oficinas de Fidel, quien me mandaba a buscar y así conversábamos. Creo que solo por Fidel, al que respetaba y admiraba con sincero afecto desde su crucial encuentro en México, aceptaba hacerlo.

Me consta que esta aceptación trasciende, y es válida también para valorar la singular relación de estos dos hombres. Sobre todo en momentos en que por lógica no siempre coincidían sobre algún tema o apreciación; sé que en ocasiones discutían pero al final lograban ponerse de acuerdo, porque por encima de cualquier discrepancia transitaban por iguales caminos. Conformaban un binomio que se complementaba mutuamente y que les permitía actuar bajo los mismos principios. Si tuviera que definir en breves palabras esa relación, quedaría sintetizada en la confianza sin límites que ambos se profesaban y que tan bien delineara el Che en la carta de despedida a Fidel, cuando expresa el orgullo experimentado al formar parte del pueblo cubano y ser dirigido por un hombre de su talla.

Comenzó el final de otro ciclo. Más que intuirlo, fui consciente de que su actuar y pensar, como nunca antes, se integraban en un propósito que tenía raíces profundas, concebido desde que —apenas abandonada su adolescencia— decidió poner en marcha un híbrido de bicicleta con motor y lanzarse a conocer y sentir en lo más profundo la miseria y la injusticia.

Tras esas primeras experiencias, habían surgido otras en su peregrinar por nuestra América, por las huellas profundas de nuestra identidad, que lo conducirían hacia el definitivo camino, el que fue auscultando por senderos escabrosos, en esa especialidad que decidió practicar, la medicina social. A esta le siguió —empleando sus propios calificativos— la de revolucionario, el escalón más alto del ser humano. En primera instancia Bolivia y su revolución de 1953, más tarde Guatemala y finalmente Cuba, donde encontraría su verdadera vocación y dejaría «lo mejor de sus esperanzas y lo más querido, entre sus seres queridos».

Conocedor de que en Cuba se había logrado construir, con esfuerzo y tesón, una auténtica Revolución y de que el país contaba, además, con un líder de la estatura de Fidel, querido y admirado por todo su pueblo, el Che decidió integrarse a la fuerza revolucionaria activa de ese mundo subdesarrollado, que abogaba por construir un mundo más justo y equitativo y que vivía momentos de extraordinaria tensión, motivados por el recrudecimiento de las fuerzas imperiales, por una parte, y por las contradicciones y dificultades que se veían y sentían dentro del mundo socialista.

Esta decisión fue madurando en él, a medida que conocía y se comprometía con los diversos movimientos de liberación que desde diferentes partes del mundo convergían en Cuba, conscientes de que tenían en los líderes cubanos un apoyo incondicional y en el Che un entusiasta colaborador. Sentía que mucha gente valiosa caía luchando y que solo con la participación efectiva de soldados experimentados se podría obtener el triunfo, además de que el ejemplo directo, a pesar de los riesgos que eso entrañaba, era la única posibilidad de hacer un giro certero a la historia. Es así que decidió poner, como dijo, su «pellejo por delante».

Los que lo conocíamos, sabíamos bien que esa decisión era irrevocable, aunque algunos le pedimos que se diera un tiempo para preparar mejor las condiciones y para que dejara perfiladas, con mayor precisión, las transformaciones y cambios que debían hacerse en la industria cubana bajo la dirección del Sistema Presupuestario.

Ningún argumento estaba por encima del propósito mayor, la liberación del Tercer Mundo. Así lo había hecho público en el discurso que pronunció en Argel en febrero de 1965:

> No es por casualidad que a nuestra representación se le permita emitir su opinión en el círculo de los pueblos de Asia y África. Una aspiración común, la derrota del imperialismo, nos une en nuestra marcha hacia el futuro; un pasado común de lucha contra el mismo enemigo nos ha unido a lo largo del camino.
>
> [...] Es imperioso obtener el poder político y liquidar a las clases opresoras, pero, después hay que afrontar la segunda etapa de la lucha que adquiere características, si cabe más difíciles que la anterior.
>
> [...] hay que luchar pues, contra el imperialismo. Y cada vez que un país se desgaja del árbol imperialista, se está ganando no solamente una batalla parcial contra el enemigo fundamental, sino también contribuyendo a su real debilitamiento y dando un paso hacia la victoria definitiva.

Decidió marchar primero al Congo, conocedor como era de la realidad del continente africano, y dispuesto a permanecer allí hasta que se pudiera avanzar en la lucha. Finalmente, parte hacia América para cumplir su ansiado sueño: alcanzar la plena liberación de Latinoamérica.

Respecto a mí, sabía los riesgos enormes de esa decisión. Era una mezcla contradictoria entre el deber y la satisfacción que sabía que él sentía por acercarse a su meta añorada y, por otra parte, la conciencia de que ya nada iba a ser igual y que otros planes y otras realidades se cruzarían en nuestras vidas. Hablamos de cómo y cuándo yo podría unirme a él, después de un tiempo prudencial para que los niños no se afectaran con nuestra ausencia. Me aferraba a la idea de seguirlo lo más rápido posible, pero predominaba su juicio, más certero, en relación con el afecto y la educación que solo yo podía darles a nuestros hijos, por lo que una vez más tuve que ceder y darle la razón.

Eso fue después de serenarme y encontrarme en disposición de reflexionar sobre el futuro porque la noticia, aunque intuida, me tomó por sorpresa un domingo en la mañana en que no asistió al trabajo voluntario y nos tomamos algunas fotografías con los niños en la terraza de nuestra casa. No le di importancia, porque pensé que como no teníamos fotos con nuestro hijo Ernesto, que había nacido cuando el Che se encontraba en Argelia, deseaba dejar constancia de un ciclo que se cerraba.

Más tarde supe que había pedido una casa en la playa, cosa que no había hecho antes, y hacia allí nos dirigimos, a Bocaciega, lugar para mí de triste recuerdo, diría que casi estremecedor. Al quedarnos solos me confesó su pronta partida, y yo tuve la sensación de que el mundo se había terminado para mí. Así nos despedimos…

Un tiempo después de su salida, no estoy segura, pero pienso que fue el mismo día en que Fidel leyó su carta de despedida, Vilma vino a la casa para entregarme las cartas que escribió a sus hijos y a sus padres, junto con un sobre aparte que decía *Solo para ti* y que contenía unas cintas con unos poemas grabados en su voz, los que más habíamos compartido en nuestros momentos íntimos. Era su adiós; que no imaginé así, pero me di cuenta de que lo había hecho de la forma que más se acercaba a sus sentimientos y a su modo de decir. Con ellos me había dejado una parte de lo mejor de sí, y me daba a entender que yo estaba incluida en su mundo para siempre.

No tengo que decir el impacto que me causó el oír en su voz «nuestros poemas», entre los que se encontraban *Farewell* y *Veinte poemas de amor y una canción desesperada*, de Pablo Neruda; *Piedra sobre piedra* y *Los heraldos negros*, de César Vallejo; *La sangre numerosa* y *El abuelo*, de Nicolás Guillén; y *La pupila insomne*, de Rubén Martínez Villena. El llanto brotó sin que pudiera pararlo, igual que en mis mejores momentos, solo que esta vez existía un inmenso abismo entre mis anteriores lágrimas y estas, que me dejaban una sensación de impotencia, difícil de explicar. ¡Cuántas veces los he oído!, y siempre me producen la misma desazón y siempre regresa la pregunta frustrante de si debía haberme marchado junto a él a pesar de las determinaciones compartidas. Estaba convencida de que nada sería igual para mí y de que solo podía aguardar, reforzando mi optimismo y viendo crecer a nuestros hijos, frutos verdaderos del amor, de nuestro amor.

VIII

Existen circunstancias en las que las palabras pierden su significado y no sabemos o no podemos explicar la exacta dimensión de lo que nos está ocurriendo. Así me encontraba en el momento de la despedida, la primera de otras que parecerían definitivas. Entonces no sabía que me esperaban encuentros similares, y que siempre me dejarían esa sensación extraña, en que, por encima de cualquier razón, mis instintos primarios trataban de preservarlo, a pesar de que sobradamente conocía que la situación era irreversible. Por eso asimilarlo me costaba tanto, aceptarlo me resultaba muy difícil.

Ahora que intento rememorar lo acontecido —lo que como una especie de ostra enquistada me había prometido no contar nunca—, tengo la misma impresión y me asaltan los mismos temores de aquellos días, en los que me aferraba a lo que ya no sería igual.

Cuando nos despedimos suponíamos que la comunicación iba a demorar, lo que por suerte no sucedió. Sobre todo en los primeros tiempos pudimos escribirnos con bastante asiduidad, y de esa forma se aminoró la enorme carga de incertidumbre que permanentemente me acompañaba. Nos valíamos de muchos compañeros en función de emisarios que llevaban y traían las cartas: Osmany Cienfuegos, José Ramón Machado Ventura, Ulises Estrada, Fernández Mell, Emilio Aragonés, entre otros que pasaban o permanecían en el campamento del Che, en cumplimiento de diversas tareas.

Por el contenido de las cartas, que conservo como parte de mis pertenencias más preciadas, podía comprender que no solo yo me estaba poniendo a prueba, sino que para el Che la separación resultaba extraordinariamente dura y muy difícil. En esto tengo que darle total razón, porque al menos yo contaba con el consuelo y la compañía de nuestros hijos, testimonio constante de nuestro amor.

Pasados los años, releyendo una vez más las cartas que me envió desde esas lejanas tierras del Congo, puedo medir el enorme sacrificio que significó para el Che dejarnos atrás y, por sobre todas las cosas, la descomunal grandeza de su entrega sin límites a la lucha por alcanzar un mundo más justo y equitativo. En la primera carta enviada, sus palabras y su estilo sintetizan mucho mejor que si decidiera explicarlo yo:

> Mi única en el mundo:
> (Se lo pedí prestado al viejo Hickmet)
> ¿Qué milagro has hecho con mi pobre y viejo caparazón, ya no me interesa el abrazo real y sueño con las concavidades en que me acomodabas y en tu olor y en tus caricias toscas y guajiras?
> Esto es otra Sierra Maestra pero sin el sabor de la construcción ni, todavía al menos, la satisfacción de sentirlo mío.

Todo transcurre con un ritmo lento, como si la guerra fuera una cosa para pasado mañana. Por ahora, tu temor de que me maten es tan infundado como tus celos.

Mi trabajo se compone de la enseñanza de francés en varias clases al día, aprendizaje de swahili y medicina. Dentro de unos días comenzaré un trabajo serio, pero de entrenamiento. Una especie de Minas del Frío, de la de la guerra; no la que visitamos juntos.

Dale un beso cuidadoso a cada crío (también a Hildita).

Sácate una foto con todos ellos y mándala. No muy grande y otra chiquita. Aprende francés, más que enfermería y quiéreme.

Un largo beso, como de reencuentro.

Te quiere

Tatu

Con ese seudónimo que significa «el tres», siguiendo la numeración en swahili y que siempre empleó durante el tiempo que permaneció en África, nos mantuvimos en contacto.

En esa larga espera, centré mi atención esencialmente en los niños, que aún eran muy pequeños, además de seguir atendiendo algunas tareas de la FMC, aunque no como profesional, porque en esa lucha conmigo misma, en el fondo no quería sentirme atada a ninguna responsabilidad que me impidiera en un futuro unirme de nuevo con el Che, cuando las circunstancias lo permitieran.

Esa adaptación no deseada se rebelaba de forma constante, lo que obligaba al Che a pedirme siempre que no me desesperara, a insistir en que estudiara francés para poder comunicarme mejor si llegaba al Congo. En realidad, aunque trataba de llenar los espacios de la mejor manera, no me encontraba preparada para asimilar lo que me estaba ocurriendo; tenía que pasar un tiempo prudencial para organizar de nuevo mi vida y mi futuro en el que siempre incluía al Che, muy lejos de vislumbrar lo que sucedería a la postre.

En el transcurso de su estancia en el Congo, conoció del fallecimiento de su mamá, lo que le produjo una amarga tristeza pues estaban unidos por un entrañable cariño. Me hizo saber su angustia en una carta, en la que expresaba la esperanza de «que no haya sufrido físicamente y que no haya tenido casi tiempo de pensar en mí».

A la memoria de su madre escribió uno de sus más conmovedores relatos, *La piedra*, en el que dejó volcado sus sentimientos más profundos. Al evocarla, expresó: la «necesidad física de que aparezca mi madre y yo recline mi cabeza en su regazo magro y ella me diga: "mi viejo", con una ternura seca y plena y sentir en el pelo su mano desmañada, acariciándome a saltos, como un muñeco de cuerda, como si la ternura le saliera por los ojos y la voz [...]. No es necesario pedirle perdón; ella lo comprende todo; uno lo sabe cuando escucha ese "mi viejo"...».

Ese era el hombre que, a pesar de su aparente severidad, yo conocía en sus fibras más íntimas, por eso siempre fui consciente del tremendo esfuerzo que hacía para llevar adelante sus proyectos más nobles y puros. A veces tuvo que mostrarse firme, convincente y amoroso a la vez, y mostrarse tal cual yo sabía que era, ante mi insistencia de encontrarnos:

> No me chantajees. No puedes venir aquí ahora ni dentro de tres meses. Dentro de un año será otra cosa y veremos. Hay que analizar bien eso. Lo imprescindible es que cuando vengas no seas «la señora» sino la combatiente, y para eso debes prepararte, al menos en francés...
>
> Así ha pasado una buena parte de mi vida; teniendo que refrenar el cariño por otras consideraciones y la gente creyendo que trata con un monstruo mecánico. Ayúdame ahora, Aleida, sé fuerte y no me plantees problemas que no se pueden resolver. Cuando nos casamos sabías quién era yo. Cumple tu parte de deber para que el camino sea más llevadero, que es muy largo aún.

Quiéreme, apasionadamente, pero comprensivamente, mi camino está trazado, nada me detendrá sino la muerte. No sientas lástima de ti; embiste la vida y véncela, y algunos tramos del camino los haremos juntos. Lo que llevo por dentro no es ninguna despreocupada sed de aventuras y lo que conlleva, yo lo sé; tú debías adivinarlo [...].

Educa a los niños. No los malcríes, no los mimes demasiado, sobre todo a Camilo. No pienses en abandonarlos porque no es justo. Son parte nuestra.

Te abraza con un abrazo largo y dulce, tu

Tatu

¿Fui lo suficientemente fuerte como me pedía el Che? No lo sé a ciencia cierta. Unas veces me creía Dulcinea y otras Sancho Panza, ambos deseosos de seguir al Quijote de los tiempos modernos con el que me había tocado compartir, y que, semejante al personaje cervantino rebosaba ternura, pero no dudaba en enfrentar a los nuevos molinos, de diferentes texturas pero con propósitos similares.

Esperaba, quizás no muy pacientemente, aunque con resignación, el tiempo adecuado para unirme a él. Mientras tanto, los acontecimientos en el Congo se precipitaban y auguraban un desenlace que no era el esperado en los primeros tiempos de la contienda. A pesar de esto, el Che continuaba organizando las fuerzas y las acciones y mantenía sus costumbres como prueba de la disciplina y tesón que mostró a lo largo de su vida. Incrementó el número de lecturas, como siempre hacía, muy abarcadoras y cada vez más profundas. Es extraordinario cómo en medio de tantas dificultades, de lo inhóspito del lugar y con la conciencia clara sobre lo que se avecinaba, seguía sus estudios de Filosofía y otras materias que le sirvieran para desarrollar proyectos teóricos válidos para el futuro del socialismo en el Tercer Mundo. El listado de los libros que me pedía, constantemente, habla por sí mismo de su dedicación y su vocación literaria. Junto a los títulos, en ocasiones, ponía algunas especificaciones entre paréntesis:

> *Himnos triunfales*, de Píndaro
> *Tragedias*, de Esquilo
> *Dramas y tragedias*, de Sófocles
> *Dramas y tragedias*, de Eurípides
> *Comedias completas*, de Aristófanes
> *Los nueve libros de la historia*, de Herodoto
> *Historia griega*, de Jenofonte
> *Discursos políticos*, de Demóstenes
> *Diálogos*, de Platón
> *La república*, de Platón
> *La política*, de Aristóteles (este especialmente)
> *Vidas paralelas*, de Plutarco
> *Don Quijote de la Mancha*
> *Teatro completo*, de Racine
> *La divina comedia*, de Dante
> *Orlando furioso*, de Ariosto
> *Fausto*, de Goethe
> *Obras completas*, de Shakespeare
> *Ejercicios de geometría analítica* (del santuario)

A pesar del esfuerzo, la lucha en el Congo llegó a su fin y sobre lo acontecido recibí una carta del Che escrita el 28 de noviembre de 1965, cuando ya se encontraba en Tanzania. En ella exponía no solo los hechos, sino también su estado de ánimo y el futuro de sus acciones, tratando una vez más de hacerme entender lo difícil que sería nuestro reencuentro. Creo que solo una persona como el Che, con su capacidad analítica y sus férreas convicciones, podía llegar a vislumbrar los acontecimientos que se avecinaban, los que sentía como parte de su propia naturaleza:

Mi querida:

Alcancé la otra carta que te mandaba. Todo se precipitó en forma contraria a las esperanzas. El desenlace te lo puede contar Osmany; solo te diré que mi tropa, de la que me sentía orgulloso y seguro los primeros días, se fue diluyendo, o mejor dicho, reblandeciendo como manteca en la sartén y se me escapó de la mano. Volví, por el camino de la derrota, con un ejército de sombras. Ya todo ha pasado y viene la etapa final de mi viaje y la definitiva; solo me acompañarán ahora un puñado de elegidos con estrellas en la frente (las martianas, no las de comandante).

La separación promete ser larga, tenía la esperanza de poder verte en el tránsito de lo que parecía una guerra larga, pero no fue posible. Ahora habrá entre nosotros una cantidad de tierra hostil y hasta las noticias encarecerán. No te puedo ver antes porque hay que evitar toda posibilidad de ser detectado; en el monte me siento seguro, con mi arma en la mano, pero no es mi elemento el deambular clandestino y tengo que extremar las precauciones.

Ahora viene la etapa verdaderamente difícil para todos y hay que prepararse a soportarla; espero que sepas hacerlo. Tienes que soportar tu cruz con entusiasmo revolucionario. Si llego a destino, cuando lo sepan, harán todo por ahogar la cosa en germen y las medidas profilácticas de aislamiento se harán más rígidas. Siempre encontraré la manera de hacerte llegar unas líneas, pero si no se puede no pienses lo peor; en el punto de destino seré fuerte otra vez, a pesar de la diferencia de medios que tendré al principio.

Me cuesta escribir; o son los detalles técnicos que no deben interesar, o los recuerdos de toda la vida pasada que tardará en volver. Porque has de saber que soy una mezcla de aventurero y burgués, con una apetencia de hogar terrible pero con ansias de realizar lo soñado. Cuando estaba en mi burocrática cueva soñaba con hacer lo que empecé a hacer; y ahora, y en el resto del camino, soñaré contigo y los muchachos que van creciendo inexorablemente. Qué imagen extraña deben hacerse de mí y qué difícil será que algún día me quieran como padre y no como el monstruo lejano y venerado, porque será una obligación hacerlo.

Cuando arranque te dejaré unos libros y notas, guárdalos. Me he acostumbrado tanto a leer y estudiar que es una segunda naturaleza y hace más grande el contraste con mi aventurerismo.

Como siempre, te había hecho un versito y, como siempre, lo rompí. Cada vez soy mejor crítico y no quiero que me pasen accidentes como los de la otra vez.

Ahora, que estoy encarcelado, sin enemigos en las cercanías ni entuertos a la vista, la necesidad de ti se hace virulenta y también fisiológica y no siempre pueden calmarlas Karl Marx o Vladimir Ilich.

Dale el beso especial a la cumpleañera; no le mando nada porque es mejor desaparecer totalmente. Te vi de poses en una tribuna, estás de lo más bien, casi como en los días felices de Santa Clara. Yo también me aproximé a ese ideal, pero ahora vuelvo a ser el insignificante Sansón Pelao.

Educa los niños. Siempre me preocupan los hombres, sobre todo, e insístele al viejo para que los visite. Dale un abrazo a los buenos viejos que tienes por allí y recibe el tuyo, no el último pero con todo el cariño y la desesperación como si lo fuera. Un beso.

Ramón

En esa fecha, Fidel, que siempre estaba al tanto de nuestra familia, me invitó a participar en el acto de la primera graduación de médicos realizada después del triunfo de la Revolución. Tuvo lugar en el Turquino, la elevación montañosa más alta de nuestro país, situada en la histórica Sierra Maestra, en la antigua provincia de Oriente.

La simbología del lugar era muy fuerte y todas las efemérides importantes culminaban allí después de pasar por la prueba de subir cinco picos de la sierra, como constancia de nuestra voluntad y para rememorar una página de nuestra historia más reciente. Al poco rato de llegar, vimos venir a Sergio del Valle —quien había sido ayudante y médico de la Columna 2 comandada por Camilo Cienfuegos—, por aquel entonces jefe del estado mayor de las Fuerzas Armadas. El objetivo de la visita era informarle a Fidel de la retirada de las tropas comandadas por el Che en el Congo, lo que después el Che me explicó con más detalles en la carta. También los pormenores de lo acontecido fueron narrados en los *Pasajes de la guerra revolucionaria: Congo,* relatos que escribe mientras permanece en Tanzania, utilizando su Diario de campaña, costumbre muy personal y que tenía como antecedente los *Pasajes de la guerra revolucionaria,* donde narraba la lucha guerrillera en Cuba.

Desde el momento en que se conoció la retirada de las tropas en el Congo, tuve el consentimiento de Fidel para encontrarme con el Che. Una vez más mediaba entre nosotros. Esta vez yo confiaba en que no encontraría la misma resistencia de cuando se opuso a que yo viajara para integrarme al grupo que efectuaba el recorrido por los países del Pacto de Bandung.

¿Estaría de acuerdo? Por las circunstancias parecía que no, pero para mi regocijo me equivoqué. Tuve la confirmación de mi viaje a Tanzania en diciembre, lo que me hizo extraordinariamente feliz, en uno de los fines de años más esperados de mi vida ante la inminencia de la partida.

Enero de 1966 llegó con mucha fuerza. No me acordé de los razonamientos del Che ni de su labor persuasiva, nada me detenía y al parecer la decisión de encontrarnos no le resultó inapropiada, aunque creo que yo lo hubiera hecho sin medir las consecuencias. Alrededor del 15 de enero, no puedo precisarlo del todo, efectué el viaje, haciendo escala en Praga, donde dormí en un apartamento que tiempo después sería utilizado por el Che y otros compañeros, mientras se realizaban los preparativos para su definitivo viaje hacia América Latina. En un próximo encuentro en Praga, también nos quedamos en ese apartamento.

El trayecto lo realicé en compañía de Juan Carretero (*Ariel*), compañero que pertenecía al Departamento América, dirigido por el legendario combatiente Manuel Piñeiro, uno de los pilares en la coordinación y los vínculos con los movimientos revolucionarios en nuestro continente. De Praga pasamos a El Cairo y de ahí a Tanzania.

Allí me aguardaba el Che, convertido en un personaje casi desconocido para mí, afeitado y vestido sin el inseparable uniforme verde olivo que siempre llevaba en Cuba. Llegué muy nerviosa, en un mar de dudas y con una incógnita mayor que la esfinge que había dejado atrás en El Cairo. Sin embargo, ese estado desapareció de inmediato, al darme cuenta de que era él, y que ya estábamos juntos de nuevo.

Para realizar el viaje me habían hecho algunos cambios: llevaba una peluca de cabellos negros y creo que unos espejuelos que en aquella época todavía no tenía que usar, y que me daban un aire de persona mayor. De esa manera nos enfrentamos: con imágenes diferentes, pero, en esencia, los mismos.

Creo que fue lo soñado por nosotros durante mucho tiempo; íbamos a estar completamente solos y así sucedió. El encierro voluntario era absoluto por razones de seguridad, lo que no nos importó para nada, yo diría que más bien nos alegró. La ciudad la vi a mi llegada y cuando partí, solo tuve ojos y oído para absorber y dar lo que fuimos capaces de entregarnos, no hacía falta más.

El lugar escogido no era muy agradable, pero ni en eso reparábamos; solo existía nuestra dicha. Era una sala-comedor convertida en un lugar para estudiar y conversar y para dormir; una habitación con un baño interior. Ahí el Che revelaba las fotografías que él mismo tomaba con una camarita más profesional, algunas de las cuales tengo en mi poder como constancia de esos irrepetibles días.

Hasta puedo decir que instauramos algunos hábitos ya conocidos: después del desayuno yo leía, siempre bajo la guía acostumbrada del Che y él leía o escribía. En ese tiempo comenzó a impartirme clases de francés. ¡Lo había logrado!

Durante esos días también grabó en su voz unos cuentos para los niños, que a mi regreso les entregué como uno de los tesoros más preciados que su padre les reservaba. Le escribió también una carta a Fidel y me pidió que se la hiciera llegar. Recuerdo que eran comentarios sobre la lucha del movimiento de liberación en Guatemala.

Conversamos sobre muchos temas, me acuerdo de sus reflexiones sobre el contenido de su carta de despedida leída por Fidel y de que insistía mucho en la importancia que tenía para él. Nunca olvidaré lo diáfano que fue cuando me expresó su convicción de que donde quiera que fuera a luchar después del Congo, incluso allí, su grito de guerra sería siempre el de su Revolución, la Revolución Cubana: *Hasta la victoria, siempre Patria o Muerte.*

(No debe extrañarse el lector ante la presencia de una coma fuera de lugar o que se interprete como un error de mi parte, tampoco pretendo que se cambie el sentido de una frase que ha devenido grito de rebeldía y esperanza para lo más noble de nuestros pueblos. Decidida a compartir algunos detalles que han dejado honda huella en mí, no puedo dejar de detenerme en este y trasmitirles la fuerza con la que expresó lo que en realidad quiso decir y cuánto lamentó su error al poner la coma donde no debía; lo que quería dar a entender era que cualquiera que fuesen las circunstancias donde se encontrara siempre actuaría al llamado de *¡Patria o Muerte!*).

Claro que no todo era seriedad, también en tono de broma rememorábamos algún que otro acontecimiento simpático de nuestras vidas y, por supuesto, aclarábamos equívocos o malos entendidos, intrascendentes o no, pero de igual importancia, algo así como un «recuento necesario».

Al fin pudimos aclarar el caso de la secretaria que me encontré cuando comencé a trabajar en el INRA, en el ya lejano 1959, y que él siempre supuso que yo le había pedido que se marchara, porque su trabajo no era necesario al ocuparme yo de sus asuntos personales. Cada vez que tratábamos el tema le negaba mi participación en ese hecho, pero ese día, después de seis años, lo reconocí y de una vez por todas le aclaré que no había sido por celos o porque pensara mal de la muchacha, sino porque estaba segura de que desde el punto de vista político no se encontraba a la altura de lo que debía ser una secretaria para él; en pocas palabras, que no era confiable. En definitiva salí de ese «mal entendido» y el Che se sintió satisfecho al estar seguro de que nunca se había equivocado sobre mi participación en esa decisión.

Hablábamos también de amigos comunes, de lo sucedido a mi amiga, Lolita Rosell, a la que me unían lazos de afecto muy fuertes, desde los tiempos de la lucha clandestina en mi provincia, en el Movimiento 26 de Julio. Después del triunfo, Lolita se incorporó al trabajo y fue designada Presidenta de la FMC en Las Villas. Mientras se desempeñaba en esas funciones, se encontró en dificultades, como consecuencia de los errores que se cometieron en la época del sectarismo en nuestro país en los primeros años de los sesenta; a tal punto, que le solicitó una reunión al Che, a la que este accedió con la condición de que estuvieran presentes el Organizador del Partido Unido de la Revolución Socialista (PURS), Emilio Aragonés; el jefe del Ejército en la provincia, William Gálvez y un miembro de la dirección del antiguo PSP, el compañero Luzardo, en aquel momento ministro de Comercio Interior.

Del resultado de esa reunión, mientras el Che estuvo en Cuba, nunca me enteré, al considerarlo confidencial. Solo conocía lo que mi amiga me había contado. Sabía que había quedado satisfecha porque había podido decir todo lo que pensaba, pero en Tanzania fue que conocí por el Che más detalles y lo valiente que se había comportado Lolita. Según el Che, la voz cantante siempre fue la de ella, al explicar los errores de la política que se estaba siguiendo y sus preocupaciones por lo que pudiera acarrear respecto a la integridad de la Revolución. Después de esa reunión, Lolita vino para La Habana, a propuesta del Che y como prueba de su confianza, la puso a trabajar en el recién creado Ministerio de la Industria Azucarera.

Los planes a ejecutar por el Che apremiaban, ya que a pesar de lo ocurrido en el Congo, no cejaba en su empeño de comenzar la lucha en el punto que había sido por siempre su ideal, como fiel continuador de las ideas de Bolívar y Martí, la América Nuestra.

No recuerdo con exactitud la fecha en que salió para Praga o quizás mi mente se rehusó a retenerla; creo que fue en la primera quincena de marzo. Yo quedé una vez más sola, en lo que nos había servido de refugio cómplice. Triste, por supuesto; ni siquiera las lecturas me servían de consuelo. A pesar de las recomendaciones del Che, apenas si alcanzaba a entender parte de lo que leía. Quizás debía haber escrito mis impresiones, pero tampoco lo hice.

En mi abatimiento, pensaba nuevamente que era la separación definitiva o por lo menos que pasarían unos cuantos años para encontrarnos en paisajes y entornos diferentes. Sabía que tenía que acostumbrarme y convivir con la sensación perenne de que era la última vez. Casi moría cada vez que eso sucedía y, sin embargo, como ave fénix, volvía a renacer borrando los temores y recuperando mi optimismo cuando me reencontraba con el Che. No sé cuántas veces cumplí con su recomendación de que debía ser fuerte y no sé cuántas veces más tenía la sensación de la frustración y el final.

Sabía de antemano que mi futuro estaría siempre lleno de inquietudes, de sobresaltos. Esta vez habíamos experimentado tanta quietud y placer al encontrarnos juntos, que al pensar en lo que vendría —consciente de lo tremendo que sería al no poder saber nada el uno del otro—, me llenaba de una zozobra permanente. Por lo menos en el Congo pudimos comunicarnos mensualmente, pero ahora la duda punzante no acababa ¿cómo podría saber de él? Nada era ni sería igual.

Con esa incertidumbre regresé a Cuba, después de haber permanecido aproximadamente mes y medio. Esta vez, de El Cairo fui a Moscú en compañía de Oscar Fernández Padilla, a quien le habían dado la tarea de acompañarme.

A pesar de la pugna interior de mis sentimientos, el reencuentro con mis hijos, la satisfacción de entregarles la cinta con los cuentos grabados por su papá y la tranquilidad de estar entre los míos me devolvió un poco de la paz que tanto necesitaba.

Pasados unos días, pude comprender que los dos vivíamos momentos muy difíciles, cuando recibí una llamada para recoger en las oficinas de Fidel una pequeña libreta que me enviaba el Che con apuntes personales. En uno de ellos que tituló «Envío» se puede medir su estado de ánimo y la certeza que tenía en ese entonces de que no nos volveríamos a ver en largo tiempo:

Amor: ha llegado el momento de enviarte un adiós que sabe a campo santo (a hojarasca, a algo lejano y en desuso, cuando menos). Quisiera hacerlo con esas cifras que no llegan al margen y suelen llamarse poesía, pero fracasé; tengo tantas cosas íntimas para tu oído que ya la palabra se hace carcelero, cuanto más esos algoritmos esquivos que se solazan en quebrar mi onda. No sirvo para el noble oficio de poeta. No es que no tenga cosas dulces. Si supieras las que hay arremolinadas en mi interior. ¡Pero es tan largo, ensortijado y estrecho el caracol que las contiene, que salen cansadas del viaje, malhumoradas, esquivas, y las más dulces son tan frágiles! Quedan trizadas en el trayecto, vibraciones dispersas, nada más. [...].

Carezco de conductor, tendría que desintegrarme para decírtelo de una vez. Utilicemos las palabras con un sentido cotidiano y fotografiemos el instante.

[...] Así te quiero, con recuerdo de café amargo en cada mañana sin nombre y con el sabor a carne limpia del hoyuelo de tu rodilla, un tabaco de ceniza equilibrista, y un refunfuño incoherente defendiendo la impoluta almohada [...].

Así te quiero; mirando los niños como una escalera sin historia (allí te sufro porque no me pertenecen sus avatares), con una punzada de honda en los costados, un quehacer apostrofando al ocio desde el caracol [...].

Ahora será un adiós verdadero; el fango me ha envejecido cinco años; solo resta el último salto, el definitivo.

Se acabaron los cantos de sirena y los combates interiores; se levanta la cinta para mi última carrera. La velocidad será tanta que huirá todo grito. Se acabó el pasado; soy un futuro en camino.

No me llames, no te oiría; sólo puedo rumiarte en los días de sol, bajo la renovada caricia de las balas [...].

Lanzaré una mirada en espiral, como la postrera vuelta del perro al descansar, y los tocaré con la vista, uno a uno y todos juntos.

Si sientes algún día la violencia impositiva de una mirada, no te vuelvas, no rompas el conjuro, continúa colando mi café y dejáme vivirte para siempre en el perenne instante.

En medio de esa cotidianidad placentera que nos proporciona lo siempre amado, hubo tiempo para un adiós no definitivo. Una vez más la vida me sonrió y en el mes de abril de 1966 pude encontrarme de nuevo con el Che, a pesar de sus dudas y mis constantes reclamos, los que ya había detenido por medio de una carta, sin fecha, que me escribiera:

Dos letras. No es verdad que no quiera verte ni que huyera [...]. Vine para impulsar las cosas y ya se han impulsado algo; no creí bueno que vinieras porque podrían detectarte (checos o enemigos), porque se notaría nuevamente tu ausencia en Cuba, porque cuesta plata y porque me afloja las patas. Si Fidel quiere que vengas, que los pese él (los factores que pueden interesarle) y decida [...].

Fue Praga la ciudad encantada. No importa que no pudiéramos disfrutarla a plenitud porque debíamos mantener una disciplina estricta y el mayor secreto. A nosotros nos bastaba poder estar juntos.

En esa bella ciudad vivimos en dos sitios: el primero era un departamento que ya conocía, porque lo había utilizado en tránsito a mi viaje a Tanzania. El lugar era bastante reducido, pues solo contaba con una sala-habitación y un baño que se empleaba, además, para otros fines: cocina y lavado de ropas. Aquí permanecíamos los días entresemana.

El otro lugar era una casa de campo más amplia y agradable, aunque no puedo describirla con exactitud. En la vivienda habitaba la dueña con su hija, que tenía retraso mental. Esta señora era quien nos cocinaba. Convivíamos con algunos de los combatientes que después marcharían con el Che a Bolivia: Alberto Fernández Montes de Oca (*Pacho*), Harry Villegas (*Pombo*) y Carlos Coello (*Tuma*), entre otros que nos visitaban por razones de trabajo.

Por las noches, para entretenernos, jugábamos canasta en sesiones no muy afortunadas para mí, pues no era muy ducha en ese juego, y era el Che quien me ayudaba a ganar. Tengo que decir que siempre fue así; cada vez que me encontraba en aprietos salía en mi auxilio. Así sucedía en las prácticas de tiro que realizábamos; se ponía detrás de mí para rectificarme la posición, y nunca permitió que saliera mal ante cualquier situación en que me ponían a prueba; en eso, como en todo lo demás, me hacía sentir su cariño y apoyo.

En esas sesiones de tiro, al único que le lograba ganar era a Coello, increíblemente mucho menos diestro en la materia que yo, pues la habilidad no le hacía falta para nada en esos momentos. Todos disfrutábamos sus bromas y su eterna simpatía y se lo reciprocábamos con nuestro incondicional afecto. Por eso, cuando conversábamos, en esos días que también fueron de mucha alegría, en tono de guasa yo le decía que iba a ocupar su sitio en la futura contienda, y lo recalcaba para ver si me tenían en cuenta.

Durante el día, a veces, si el tiempo lo permitía, salíamos a caminar por un bosque de pinos muy cercano a la casa y por las noches, al finalizar el fin de semana, regresábamos a la ciudad con José Luis Ojalvo, el compañero que nos atendía en Praga.

Alguna que otra vez rompíamos la disciplina y nos escapábamos. En una de esas contadas ocasiones, recuerdo que fuimos a comer a un restaurante cercano al departamento. Allí nos sucedió algo simpático: por lo general pedíamos bistec de res y ese pedido lo hacía el Che tratando de pronunciarlo lo más parecido al checo, pero un día, confiados en su dominio del francés, decidimos comer algo distinto y cuál no sería nuestra sorpresa cuando vimos al camarero traernos sendos platos de *bistec anglisqui*, igual a los acostumbrados. Nos reímos muchísimo con el francés tan perfecto del camarero, ¡éramos tan felices! No tengo que decir lo mucho que disfrutamos esas escapadas a solas, incluida la que hicimos al estadio para presenciar un juego de fútbol.

Con un poco de nostalgia viene a mi mente un paseo campestre que hicimos y en el que a nuestro regreso visitamos una especie de motel pequeño, muy acogedor. Allí, como siempre, soñamos un poco e hicimos planes para volver en otra ocasión, lo que no ocurrió, porque de «algún lugar» nos llegó la información de que podían detectarlo. Eso nos cortó las alas, porque bajo ninguna circunstancia podíamos poner en riesgo lo que se estaba preparando: era demasiado lo que se ponía en juego. Una vez más posponíamos nuestros pequeños placeres y, por esa razón, tampoco pudimos ver Karlovi Vari, lugar que el Che quería que visitáramos juntos.

A finales de mayo, inesperadamente se recibió la noticia de un posible ataque a Cuba por parte de los Estados Unidos, como consecuencia del asesinato de uno de nuestros soldados, encargados de vigilar la Base Naval de Guantánamo, territorio usurpado por los norteamericanos desde nuestra mal llamada independencia en 1902. Ante la gravedad de la situación, el Che adelantó la fecha de mi partida, que habíamos dispuesto para después del 2 de junio, fecha de nuestro aniversario de bodas. Mentiría si digo que deseaba volver, pero las razones eran muy fuertes, tenía que estar al lado de los niños y cumplir con mi deber. Por otra parte, el Che había tomado la determinación de que en caso de un ataque enemigo regresaría a Cuba para luchar junto a su pueblo.

Un día antes y sin que él lo supiera, salí a las tiendas y le compré unos yugos —término usado en Cuba para llamar a una especie de broches que se colocan en los puños de las camisas de vestir—. Eran pequeños, pero sabía que siempre los llevaría con él y creo que así lo hizo. Nunca los recuperé y estoy segura de que alguien los conserva como botín de guerra.

A su regreso a Cuba, en julio de 1966, para su entrenamiento, fue cuando se enteró de que había sido yo quien se los había regalado. Ese fue otro momento de singular regocijo, porque a pesar de las muchas lágrimas derramadas en el tiempo transcurrido, los momentos de felicidad compartidos nada ni nadie puede borrarlos ni arrebatármelos.

El retorno no estaba dentro del cálculo de probabilidades inmediatas pensadas por el Che; sin embargo, fue de nuevo la persuasión de Fidel más fuerte que su reticencia. Una carta memorable le escribió a Praga, en que le proponía que viniera para completar la fase final del entrenamiento, y le garantizaba, por su parte, total discreción:

Querido Ramón:
Los acontecimientos han ido delante de mis proyectos de carta
[...].

Sin embargo, me parece que, dada la delicada e inquietante situación en que te encuentras ahí, debes, de todas formas, considerar la conveniencia de darte un salto hasta aquí.

Tengo muy en cuenta que tú eres particularmente renuente a considerar cualquier alternativa que incluso poner un pie en Cuba, como no sea en el muy excepcional caso mencionado arriba. Eso, sin embargo, analizado fría y objetivamente, obstaculiza tus propósitos; algo peor, los pone en riesgos; dificulta extraordinariamente las tareas prácticas a realizar; lejos de acelerar, retrasa la realización de los planes y te somete, además, a una espera innecesariamente angustiosa, incierta, impaciente.

Y todo eso, ¿por qué? No media ninguna cuestión de principios, de honor o de moral revolucionaria que te impida hacer un uso eficaz y cabal de las facilidades con que realmente puedes contar para cumplir tus objetivos.

Hacer uso de las ventajas que objetivamente significan poder entrar y salir de aquí, coordinar, planear, seleccionar y entrenar cuadros y hacer desde aquí todo lo que con tanto trabajo solo deficientemente puedes realizar desde ahí u otro punto similar, no significa ningún fraude, ninguna mentira, ningún engaño al pueblo cubano o al mundo. Ni hoy, ni mañana, ni nunca nadie podría considerarlo una falta, y menos que nadie tú ante tu propia conciencia. Lo que sí sería una falta grave, imperdonable, es hacer las cosas mal pudiéndolas hacer bien. Tener un fracaso cuando existen todas las probabilidades del éxito [...].

Espero no te produzcan fastidio y preocupación estas líneas. Sé que si las analizas serenamente me darás la razón con la honestidad que te caracteriza. Pero aunque tomes otra decisión absolutamente distinta, no me sentiré por eso defraudado. Te las escribo con entrañable afecto y la más profunda y sincera admiración a tu lúcida y noble inteligencia, tu intachable conducta y tu inquebrantable carácter de revolucionario íntegro, y al hecho de que puedes ver las cosas de otra forma no variará un ápice esos sentimientos ni entibiará lo más mínimo nuestra cooperación [...].

Tanta prueba de lealtad y respeto confirman lo que para mí ha sido siempre la expresión de una unión entrañable, puesta a prueba en muy difíciles condiciones; unión que, a contrapelo de calumnias y mentiras, ha resistido el tiempo y quedará para la historia como la amistad sin límites de dos guerreros, dos hombres inclaudicables.

Recibí una breve nota, con el sobrenombre que habían adoptado para mí. Allí me reprocha que, por razones de seguridad, le hubiera arrancado la página en la que el poeta español León Felipe le había dedicado un ejemplar de *El ciervo*. La reproduzco textualmente para que se pueda, una vez más, constatar el inmenso valor de sus decisiones y el cúmulo de sensaciones encontradas en medio de su acostumbrada austeridad:

> Josefina, amor mío:
>
> Creo que pronto recibiré otra ducha cálida y salada. La cosa es de clandestino y medio.
>
> Me capaste El Ciervo; no te lo perdono. Si voy, te llevaré las cosas.
>
> Un beso tibio, porque es muy nuevo y va esperanzado. Otro grande a los críos.
>
> Tu Ramón

Su viaje lo hicieron coincidir con las fiestas por el 26 de Julio, cuando muchos invitados eran recibidos en el aeropuerto, lo que hacía más fácil su entrada sin que lo pudieran identificar los fotorreporteros. No obstante lo dispuesto, como casi siempre, se presentó algún tropiezo. A su llegada, el equipo del cineasta Santiago Álvarez se encontraba filmando el arribo de diversas personalidades, por lo que, de inmediato, dos compañeros del Departamento América: Juan Carretero y Armando Campos, con el operativo dispuesto, lo sacaron de allí, y luego salieron para el ICAIC con el objetivo de interceptar las cintas e impedir que salieran a la luz pública.

Pasarían muchos años antes de que se conocieran estos pormenores contados por sus protagonistas. Santiago, maestro de documentalistas, fue quien narró cómo se presentaron en el estudio y le pidieron revisar las cintas. Entre tantas imágenes se hacía difícil la búsqueda, sobre todo porque nada le habían dicho, hasta que finalmente hallaron lo que querían. La incógnita se mantuvo y en los años noventa se rescató la historia.

Esas medidas eran correctas, aunque doy por seguro que habría sido muy difícil identificar al Che después de la transformación que le hicieron antes de su partida de Praga, con lentes muy gruesos y un aditamento en la espalda que lo hacía más corpulento y encorvado, rasgos que le daban un aspecto de hombre mayor.

No preciso con exactitud si fue ese mismo día que Celia Sánchez me llamó para decirme que iba a pasar por mí en minutos y que si quería podía llevar a Ernesto, el más pequeño de mis hijos, al que apenas el Che había alcanzado a conocer, pues tenía solo un mes de nacido cuando partió hacia el Congo. Las palabras estaban de más, sabía a lo que iba.

Recogí lo imprescindible mientras esperaba a Celia, quien vino por mí manejando ella el automóvil. Fue mi primera visita a San Andrés de Caiguanabo, en Pinar del Río, lugar de extraordinaria belleza, sitio seleccionado por Fidel para el entrenamiento del Che y el pequeño grupo de combatientes que lo acompañarían a Bolivia.

Al otro día retorné a la casa con la promesa de regresar cada vez que las circunstancias lo permitieran, porque mi ausencia prolongada se podía hacer notar y comenzarían los rumores, en momentos en que no debíamos hacer nada que afectara el curso de lo planificado.

Ninguna de esas medidas me afectaba, incluso disfrutaba su presencia secreta. Para mí lo más importante era saberlo cerca, fuera de todo peligro, entre compañeros y amigos, alejado de alguna bala enemiga o de una delación que pudiera detener sus anhelos libertarios.

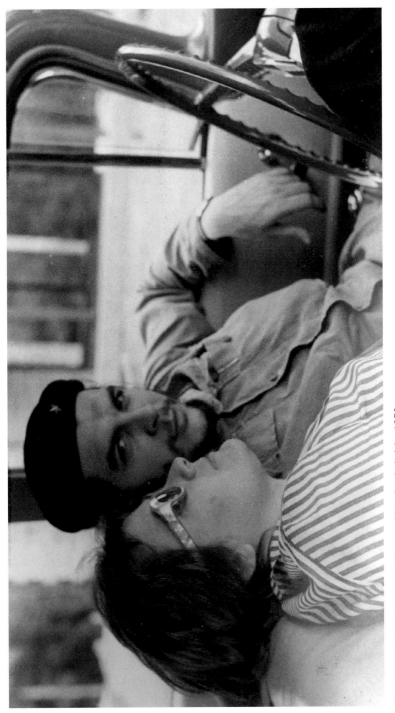

Che y Aleida durante un recorrido por el interior de la isla, 1959.

En 1963. Aleida y el Che organizando el despacho en su casa de Nuevo Vedado.

Camilo, el primer hijo varón.

En 1965, en la boda de su sobrina
Miriam Moya March.

En 1965, con Ernestico.

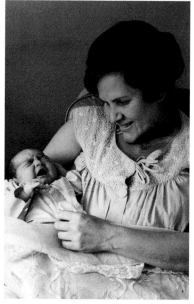

En 1964, con Celia, «la tercerona».   Febrero de 1965. Ernesto, recién nacido.

En 1965, con Fidel en un acto en la Plaza.

Diciembre de 1964, en el Parque Almendares.

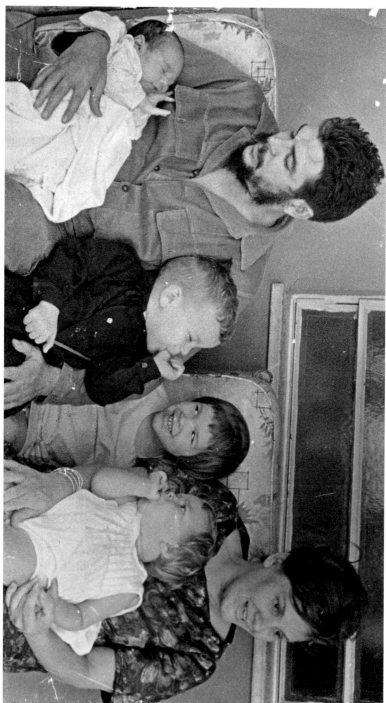

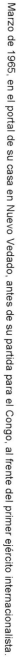
Marzo de 1965, en el portal de su casa en Nuevo Vedado, antes de su partida para el Congo, al frente del primer ejército internacionalista.

Julio de 1965. Con Ernesto, Camilo, Hildita y Aleidita.

Anverso y reverso de la tarjeta postal con el retrato de Lucrecia Crivelli,
enviada desde el Museo del Louvre en 1965.

En 1965. Foto enviada al Congo.

Fines de 1965 en el Pico Turquino. Con Fidel y Rosa E. Navarro.

Durante un almuerzo en casa de Raúl Roa.

Enero de 1966. Aleida y el Che caracterizados como Josefina y Ramón, en su encuentro en Tanzania (fotos tomadas por el Che).

Enero de 1966. Aleida y el Che caracterizados como Josefina y Ramón, en su encuentro en Tanzania (fotos tomadas por el Che).

Encuentro en Tanzania (fotos tomadas por el Che).

Durante su estadía en Tanzania (fotos tomadas por el Che).

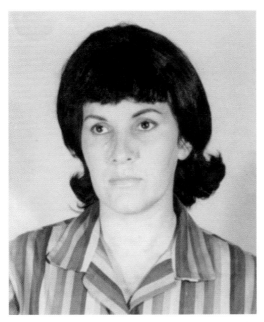

Enero de 1966. Foto de su pasaporte con la caracterización de Josefina González.

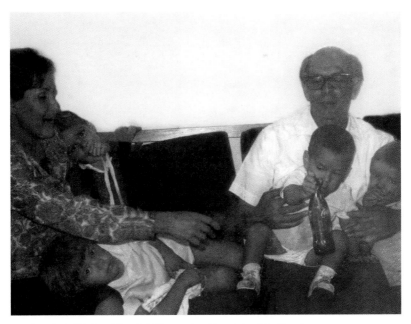

Octubre de 1966. Los hijos del Che se despiden del «viejo Ramón», en una casa de seguridad en La Habana.

Foto tomada por el Che en agosto de 1966. En San Andrés, Pinar del Río, con su hija Celia.

Aleida con Celia (foto tomada por el Che en San Andrés).

El Che con su hija Celia en San Andrés, Pinar del Río, 1966.

Un descanso durante el entrenamiento en San Andrés (foto tomada por el Che).

Con el Che, disfrazado de Ramón, días antes de su partida para Bolivia.

Foto de familia (realizada por Korda en mayo de 1965).

En 1966, con sus hijos.

Febrero de 1968. Los niños con sus abuelos Juan y Eudoxia, en el cumpleaños de Ernestico.

En funciones como diputada del Grupo Interparlamentario.

Sus hijos con la abuela Eudoxia.

En la boda de su hija Aleida Guevara, junto a Fidel.

Con su amiga Ernestina Mazón, su hija Aleida y algunas de sus nietas.

Boda de Celia.

Che y Aleida en Santiago de las Vegas, 1959.

Viajaba cada vez que podía, a veces con estancias más prolongadas, porque el Che me había autorizado a realizar un entrenamiento parcial junto al resto de los compañeros. Caminábamos largas jornadas a pleno sol, ellos con sus mochilas y armas y yo libre como el viento, siguiendo los pasos del Che como en los viejos tiempos.

A veces competíamos con el resto del grupo para ver quién regresaba primero al punto de partida. El Che, como era su costumbre, caminaba lento, apenas descansaba y si nos deteníamos lo hacíamos sin sentarnos. Con ese método dejábamos atrás a muchos compañeros.

En el mes de agosto, recuerdo que llevé conmigo a mi hija Celia, que estaba enferma de la garganta y además solo tenía tres años; por supuesto, eso lo hice previa consulta. No puedo olvidar lo feliz que estaba el Che y lo mucho que se divirtió, a pesar de que la niña estaba muy lejos de imaginar cuán cerca se encontraba de su papá. De esos gratos momentos guardo con singular afecto las fotos que nos tomamos ese día. De igual forma los conservó el Che en su memoria, porque en la última carta que hace a sus hijos, con motivo del cumpleaños de Aliucha, escribe: «Celita, ayuda siempre a tu abuelita en las tareas de la casa y sigue siendo tan simpática como cuando nos despedimos ¿te acuerdas? A que no».

Muchas anécdotas pudiera contar, pero temo distraer la atención de esos días que, sin que yo lo supiera, serían los últimos en nuestras vidas en común. En una ocasión, mientras bajábamos de un mogote, esas montañas tan típicas de Pinar del Río, se desprendió la piedra de la que me sujetaba y caí de espaldas, a medio metro del precipicio. Rápidamente el Che vino en mi auxilio. Por suerte no pasó de simples rasguños, pudimos continuar la marcha y llegar primero que el resto, aunque dejamos un rastro de manchas de sangre en una de las rocas. Cuando pasaron los compañeros se preocuparon y se preguntaban qué era lo que había pasado, pero al vernos sentados, esperándolos y sonrientes, todos comenzaron a bromear a nuestro alrededor. Había una apuesta tácita para ver quién llegaba más rápido al punto de partida. A pesar del pequeño accidente, ganamos.

En otra ocasión, durante un atardecer, salimos a pasear a caballo por las colinas de los alrededores, en compañía de uno de los compañeros que siempre se encontraba junto a nosotros. Sucedió lo imprevisto. De pronto mi caballo resbaló, me quedé colgando de un pequeño árbol muy cercano al precipicio y sin saber cómo, el caballo saltó por encima de mí y cayó por el barranco. El Che, al darse cuenta, vino enseguida en mi auxilio, me revisó y al ver que solo tenía algunos rasguños y el pantalón roto, sin pensarlo dos veces bajó para rescatar el caballo de la cañada, lo sacó y lo llevó hasta la casa. Yo regresé montada en su caballo.

Entre los pormenores que más se han narrado está aquel de los primeros días en que, ya transfigurado en Ramón, su seudónimo en la guerrilla, se enfrentó a un grupo de combatientes con los que se marcharía para poner a prueba su caracterización. No me permitió salir, porque al verme podían deducirlo, y me quedé detrás de una ventana para presenciar la reacción. Lo presentaron como un instructor español amigo de Cuba, y nadie logró identificarlo, a pesar de algunas bromas que hizo, hasta que uno de ellos, Jesús Suárez Gayol, se dio cuenta de que aquel personaje no era otro que el Che.

La euforia se vio reflejada en todos los rostros, al saber que la tropa estaría comandada por su inapreciable jefe. Era un pequeño grupo probado en la batalla y muchos de ellos habían sido fieles colaboradores del Che, no solo en la guerra sino en la lucha mayor, la construcción de una nueva sociedad. Otros habían estado recientemente en el Congo; entre ellos, Octavio de la Concepción de la Pedraja (*Moro*) e Israel Zayas (*Braulio*), y los ausentes en el entrenamiento porque formaban la avanzada que desde hacía varios meses se encontraba en La Paz preparando las condiciones para recibirlos,

José M. Martínez Tamayo (*Papi* o *Ricardo*), Harry Villegas (*Pombo*) y Carlos Coello (*Tuma*). Eran los «elegidos con estrellas en la frente».

Mientras continuaban los preparativos en San Andrés, a veces yo cocinaba para todo el grupo: un poco de afecto y unión siempre son importantes en momentos como ésos. El que más se hacía sentir era el Moro. Pasado de peso y tratando de hacer dieta, muchas veces cazaba unas palomitas como único plato para comer, pero cuando veía a los demás comiendo lo que yo había hecho, claudicaba y se sentaba como el mejor y olvidaba la promesa de continuar su régimen. Por supuesto, las bromas se hacían sentir.

Algunas noches y cuando el cansancio lo permitía, veíamos películas. La mayoría de las veces eran «del oeste» *(western)*, porque eran del gusto de la mayoría. Esos encuentros se veían matizados por la presencia, para mí muy desagradable, de las ranas, a las que les he tenido siempre una verdadera fobia incontrolable y que había en abundancia en esos parajes. Recuerdo una vez que me cayó una en la pierna y fue *Joaquín* (Vilo Acuña), con mucho afecto y amabilidad, quien vino en mi ayuda. Es curioso cómo en circunstancias extremas dejamos a un lado nuestro miedo: ni en mi etapa en la guerrilla ni en el entrenamiento en Pinar del Río me acordé para nada de ese insignificante animalito.

La finca la visitaron algunos amigos muy seleccionados, debido a las medidas de seguridad tomadas. Entre los que recuerdo está Armando Hart, quien sentado con el Che en la mesa del comedor hablaba exhaustivamente sobre filosofía, materia que les era muy afín y discutían sobre la figura siempre polémica de Sigmund Freud. Esos momentos los hemos recordado Armando y yo con especial agrado, porque esa conversación era una especie de resumen de una discusión anterior motivada por una larga carta que en diciembre de 1965 le había enviado el Che. Allí le explicaba su plan para elaborar un Manual de Filosofía acorde con la cultura marxista que debía alcanzar nuestro pueblo y que se adaptara además al resto de los países subdesarrollados:

Mi querido secretario:
Te felicito por la oportunidad que te han dado de ser Dios; tienes 6 días para ello. Antes de que acabes y te sientes a descansar (si es que no eliges el sabio método de Dios predecesor, que descansó antes), quiero exponerte algunas ideíllas sobre la cultura de nuestra vanguardia y de nuestro pueblo en general.

En este largo período de vacaciones le metí la nariz a la filosofía, cosa que hace tiempo pensaba hacer. Me encontré con la primera dificultad: en Cuba no hay nada publicado, si excluimos los ladrillos soviéticos que tienen el inconveniente de no dejar pensar, ya el partido lo hizo por ti y tú debes digerir. Como método, es lo más antimarxista, pero, además suelen ser muy malos. La segunda, y no menos importante, fue mi desconocimiento del lenguaje filosófico (he luchado duramente con el maestro Hegel y en el primer round me dio dos caídas). Por ello hice un plan de estudio para mí que, creo, puede ser estudiado y mejorado mucho para construir la base de una verdadera escuela de pensamiento; ya hemos hecho mucho, pero algún día tendremos también que pensar. El plan mío es de lecturas, naturalmente, pero puede adaptarse a publicaciones serias de la Editora Política.

[...] Es un trabajo gigantesco, pero Cuba lo merece y creo que lo pudiera intentar. No te canso más con esta cháchara. Te escribí a ti porque mi conocimiento de los actuales responsables de la orientación ideológica es pobre y, tal vez, no fuera prudente hacerlo por otras consideraciones (no sólo la del seguidismo, que también cuenta).

Bueno, ilustre colega (por lo de filósofo), te deseo éxito. Espero que nos veamos el séptimo día. Un abrazo a los abrazables, incluyéndome de pasada, a tu cara y belicosa mitad.
R.

Los días de preparación llegaban a su fin, y yo estaba esta vez menos bloqueada por la partida, quizás porque había tenido la posibilidad de participar en algunos de los preparativos y también porque imaginaba un reencuentro no muy lejano; imaginaba una lucha larga, pero no más de cinco años de separación. Nunca sabía con exactitud la extensión de los plazos, pero creía firmemente que pasado ese tiempo podía ir junto a él. Así pensaba en el momento de su partida.

Con el tiempo he llegado a temerle siempre al mes de octubre, porque a los cubanos, y en especial a mí, no nos ha gratificado con buenos momentos y reproducirlos en palabras es una tarea casi imposible. A finales del mes de octubre de 1966 el Che debía partir, ya todo estaba listo.

Una vez más me aferré a mis deseos y le pedí, igual que lo había hecho cuando su salida para el Congo, que se quedara aunque fuera un año, para impulsar algunas de las tareas que le habían encomendado con anterioridad. Nada lo detendría, consciente como estaba de que los pilares de la Revolución Cubana estaban firmes y bien cimentados. Su presencia no era imprescindible, mientras que en América Latina faltaba mucho por hacer y él estaba deseoso de contribuir con su esfuerzo a revertir el mal, enseñoreado durante siglos.

Unos días antes de su partida, transformado ya en el viejo Ramón, lo trasladaron para una casa de seguridad situada en La Habana, allí pidió ver a los niños. Este encuentro debía realizarse de esa forma, porque temía que los mayores, si lo reconocían, lo comentaran con alguien, y esto podía provocar un problema muy grave.

Cuando llegaron los niños, les presenté a un uruguayo muy amigo de su papá que quería conocerlos. Por supuesto que no imaginaron que ese hombre que parecía como de sesenta años pudiera ser su papá.

Tanto para el Che como para mí fue un momento muy difícil, en particular para él en extremo doloroso, porque estar tan cerca de ellos y no podérselo decir, ni tratarlos como deseaba, lo ponía ante una de las pruebas más duras por las que había tenido que pasar.

Para los niños fue un día de diversión; jugaron a plenitud e hicieron de todo lo que se les ocurrió porque querían congraciarse con el amigo de su papá, con el propósito de que este viera todo lo que sabían hacer; hasta piano tocaron, más bien aporrearon.

Aleidita, en una carrera desenfrenada, se dio un golpe en la cabeza y fue el Che quien la atendió. Tal fue la delicadeza con que lo hizo, que al poco rato se me acercó para decirme un secreto, que él alcanzó a escuchar: «Mamá, este hombre está enamorado de mí». Nada nos dijimos, solo nuestros semblantes palidecieron ante tanta carga emocional.

De esa casa se marchó hacia el aeropuerto, primero iría a Europa, y luego proseguiría el viaje con rumbo a su destino final. Antes de partir me hizo una poesía, que según me contaron quiso escribirla en un pañuelo blanco que al final no encontró. De todas formas lo importante es que esta vez no la rompió y al fin terminó lo que tanto me había prometido. Está de más que diga que la guardo como un tesoro, uno de los más valiosos que me dejó. Copio el último fragmento:

Adiós, mi única,
no tiembles ante el hambre de los lobos
ni en el frío estepario de la ausencia;
del lado del corazón te llevo
y juntos seguiremos hasta que la ruta se esfume...

¿Se cerraría un ciclo y comenzaría otro? Había que esperar. Lloré muchísimo antes de retirarme para mi hogar. Recuerdo que me puse a repasar algunas prendas de ropa de *Rolando* (Eliseo Reyes), con el propósito de quitarles las etiquetas que pudieran identificarlo como cubano. En fin, cualquier pretexto era válido para aliviar mis tensiones. Tenía que marcharme y enfrentar la vida hasta recibir alguna señal.

De nuevo la incertidumbre. Las noticias de Bolivia llegaban siempre a través de terceras personas. La única carta que pude recibir de allá me la trajo el peruano Juan Pablo Chang (*el Chino*), después de su visita al Campamento de Ñancahuasú, el 2 de diciembre de 1966, antes de su incorporación definitiva a la guerrilla:

> Mi única:
> Aprovecho el viaje de un amigo para mandarte estas letras, claro que podían ir por correo, pero a uno le parece más íntimo el camino «paraoficial». Te podría decir que te extraño hasta el punto de perder el sueño, pero sé que no me creerías de manera que me abstengo. Pero hay días en que la morriña avanza incontenible y se posesiona de mí. En navidad y Año nuevo, sobre todo, no sabes como extraño tus lágrimas rituales, bajo un cielo de estrellas nuevas que me recordaba lo poco que le he sacado a la vida en el orden personal [...].
> De mi vida aquí, poco interesante se puede decir, el trabajo me gusta pero es excluyente y a veces un poco cansador. Estudio, cuando me queda tiempo y sueño en algunos instantes; juego ajedrez, sin contrincantes de categoría y camino bastante, Voy perdiendo peso, un poco de añoranza y otro del trabajo.
> Dale un beso a los pedacitos de carne, a todo el resto y recibe el beso preñado de suspiros y otras congojas de tu pobre y pelado
> Marido

En general esa era la tónica de las informaciones, escasas y con pocos detalles, aunque la mayoría eran optimistas en relación con los objetivos que perseguía la lucha de liberación del Ejército de Liberación Nacional (ELN). En cierto modo no dejaba de tener razón, porque al conocer, con posterioridad, el arrojo y las acciones emprendidas por ese pequeño grupo de combatientes frente a un ejército superior en armas y personal podemos medir la magnitud de su grandeza. Quizás por ese optimismo es que no pensé nunca en los resultados finales.

Mientras tanto, mi vida transcurría en iguales condiciones; la guarnición, más reducida, continuaba vigilante al lado de nuestra casa. En ocasiones, Fidel, preocupado por nosotros, nos visitaba, atento a nuestras necesidades. Incluso, cuando el *Mensaje a la Tricontinental*, me trajo el documento a la casa para trasmitirme sus impresiones, algo aparentemente innecesario. Pero así era Fidel con todo lo que tenía que ver con el Che, y me dejaba saber sobre la marcha de la guerrilla.

Mis obligaciones habían variado algo, porque antes de marchar para Bolivia el Che me había pedido que matriculara en la Universidad la carrera de Historia, lo que hice en noviembre de 1966. Tengo que confesar que no se equivocó; fue más bien una sabia decisión, pues ocupé parte de mi tiempo en estudiar y lo hice casi como un náufrago que encuentra en ello su tabla de salvación.

Me esforcé lo más que pude y aproveché todo el caudal de conocimientos que me brindaban, en compañía de gente muy joven, con la excepción de María Luisa Rodríguez, mayor incluso que yo y que a la postre se convirtió en mi compañera de estudios. Era muy organizada y capaz, también madre de familia que no quería quedarse relegada en su casa como un objeto. Por eso, haciendo dejación de su origen acomodado y de su vida sin necesidades económicas, respondió como toda mujer cubana a las exigencias de su tiempo.

Cursé mis estudios con ahínco, tratando de adaptarme al medio porque me parecía que, en relación con los demás, yo había vivido, quizás por la intensidad, muchos años. Todos mis compañeros y profesores me ayudaban y se acercaban con muestras de afecto, para acompañarme en un entorno nuevo para mí, que debía conocer y comprender para sobrellevar mi carga. Hasta en eso el Che me salvó de no quedar aislada en mi pequeño mundo espiritual.

De nuevo octubre y esta vez lo inesperado. Lo supe por el propio Fidel, que cuando estuvo convencido de la noticia me mandó a buscar. Yo me encontraba realizando un trabajo histórico-social en las montañas del Escambray, en mi condición de estudiante de Historia.

Celia se trasladó a Santa Clara y desde el aeropuerto me mandó a buscar para viajar directamente a La Habana. Allí me esperaba Fidel, quien me llevó para su casa, donde permanecí sola una semana. Después ocupé otra, de forma transitoria, en compañía de mis hijos, y allí nos visitaba Fidel casi todos los días.

Nunca podré olvidar tanta delicadeza y dedicación para con nosotros, porque Fidel en esos días no escatimaba tiempo para atendernos y hacer más llevadera nuestra carga. Siempre recordaré sus cuidados, sus atenciones y, sobre todo, su ternura, consciente de que también él sentía en lo más profundo la pérdida irreparable que significaba la desaparición física del Che.

En el tiempo transcurrido, aunque no siempre lo he visto asiduamente, porque el tremendo esfuerzo que durante todos estos años ha tenido que realizar, nada ha podido borrar nuestros afectos y los cimientos tan sólidos con que fueron construidos. Creo que todos coincidimos en lo mucho que le debemos y yo, personalmente, mucho más.

El 18 de octubre se efectuó la velada solemne en la Plaza de la Revolución, donde Fidel fue el único orador. Me pidió que asistiera, pero le expresé que no tenía fuerzas para comportarme con la serenidad que requería un acto de esa magnitud y que prefería quedarme en la casa, viéndolo por la televisión, rodeada de mis pequeños hijos, aunque ni los mayores podían ser capaces de imaginar lo sucedido.

La velada conmovió a todo nuestro pueblo. Jamás había visto tanta tristeza reflejada en hombres y mujeres sencillas, quienes en silencio absoluto habían acudido a la Plaza para rendir homenaje merecido al guerrillero legendario y al hermano que desde siempre sintieron como uno más entre nosotros.

El regreso a mi hogar se produjo aproximadamente en el mes de noviembre, acompañada de mi pequeña prole, bulliciosa e intranquila, que me impedía ensimismarme en tanto dolor acumulado. Había que vivir y hacer. Solo en momentos inevitables me llegaban al oído las estrofas de la poesía que me escribiera como despedida inconclusa:

Mi única en el mundo:
A hurtadillas extraje de la alacena de Hickmet este solo verso enamorado, para dejarte la exacta dimensión de mi cariño.

No obstante,
en el laberinto más hondo del caracol taciturno
se unen y repelen los polos de mi espíritu:
tú y TODOS.

Los Todos me exigen la entrega total,
¡que mi sola sombra oscurezca el camino!
Mas, sin burlar las normas del amor sublimado
Te guardo escondida en mi alforja de viaje.

(Te llevo en mi alforja de viajero insaciable
como al pan nuestro de todos los días).

Salgo a edificar las primaveras de sangre y argamasa
y dejo, en el hueco de mi ausencia,
este beso sin domicilio conocido.
Pero no me anunciaron la plaza reservada
en el desfile triunfal de la victoria

y el sendero que conduce a mi camino
está nimbado de sombras agoreras.

Si me destinan al oscuro sitial de los cimientos,
guárdalo en el archivo nebuloso del recuerdo;
úsalo en noches de lágrimas y sueños...
Adiós, mi única,
no tiembles ante el hambre de los lobos
ni en el frío estepario de la ausencia;
del lado del corazón te llevo
y juntos seguiremos hasta que la ruta se esfume...

IX

De vuelta al hogar, a pesar de que todo se hizo muy difícil para mí,
traté de continuar mi vida. Las imágenes ahora me llegan confu-
sas, y no porque me empeñe en evocar aquellos instantes como la
novela que en algún momento hemos leído y que nos conmueve
por su relato. La triste verdad era que sentía la lejanía y la ausencia
del hombre que había sido mi primer amor y con el que había compartido los mejores y más plenos instantes de mi vida. Creía casi
imposible superar tanto dolor, pero no me encontraba sola y una
vez más me sentía conminada al sentir su clamor: «Ayúdame ahora,
Aleida, sé fuerte...».

Y seguí viviendo, ocupándome de todo, de los grandes y de los
pequeños detalles, de los que fui rodeándome y que fueron paulatinamente llenando mi existencia. Me entregué a mis hijos con
una necesidad imperiosa de refugiarme en ellos. Formábamos un
grupo muy singular: yo contaba para ese entonces treinta y tres

años y me seguían mis hijos en escalera irregular de siete, cinco, cuatro y dos años.

Los mayores habían comenzado la escuela y los más pequeños iban al círculo infantil. Las mañanas se iniciaban entre llantos, desayunos apurados, el traslado a sus respectivos lugares y para mí el estudio, lo que hizo que, en medio de tanta vorágine, transitara por un camino sin soledades, con un hogar bullicioso y que yo defendía a capa y espada, de modo que mis hijos pasaran esa dura prueba sin resentirse demasiado. Remedando a César Vallejo, era verdad que vivía «sin noticias, sin verdes», «son dos viejos caminos blancos, curvos. / Por ellos va mi corazón a pie», pero caminaba.

En 1968, cuando me encontraba en Trinidad, ciudad situada en la antigua provincia de Las Villas, realizando un trabajo social relacionado con mis estudios, Fidel inesperadamente me mandó a buscar. La noticia me tomó por sorpresa, porque nunca imaginé que en tan breve tiempo pudiera tener en mis manos el *Diario de campaña del Che*, escrito en Bolivia, enviado hacia Cuba en circunstancias complejas, venciendo obstáculos, gracias a la audacia y el arrojo solidario de algunos amigos.

Se me pedía colaboración para descifrar su letra, tan difícil de entender. Me entregué con total dedicación y trabajé en ello con Vidalina, la secretaria de Piñeiro, bajo un hermetismo y secreto absoluto. Una vez más sentía el gesto delicado de Fidel para conmigo, porque es cierto que la escritura del Che a veces es casi ilegible, pero también que había compañeros que la entendían sin tener que recurrir a mí. Así que siempre me he preguntado si realmente se precisaba mi ayuda o si Fidel me llamó porque sintió la necesidad de que yo fuera una de las primeras en leer aquel testimonio extraordinario.

La publicación de la serie de acontecimientos e ideas que el Che expone en su Diario fue un suceso que, en su momento, abrió muchas interrogantes que solo el tiempo ha podido develar. El mundo entero se sintió estremecido con la lectura de sus páginas, pronto y a medida que eran conocidas devendrían uno de los textos más emblemáticos de la historia de nuestro continente y revelarían la escala universal de sus protagonistas y la inmensa figura del Che. Cuba tuvo el honroso privilegio de publicarlo por primera vez en una tirada masiva y totalmente gratuita, en junio de 1968, cuando aún no había transcurrido un año de su asesinato. La obra fue adquirida por nuestro pueblo en todas las librerías del país, donde hubo filas interminables. En la historia del libro cubano no existía una edición con esas características, por el tiempo récord en que se hizo y la cantidad distribuida. Una vez más los cubanos acompañábamos al Che y una vez más nos estremecían su valentía y arrojo sin límites.

Mis sensaciones, pasados los años, son muy difíciles de explicar, porque incluso habiendo trabajado en su transcripción, nunca he podido leerlo de nuevo. Consulto fragmentos, busco datos, detalles, pero sentarme a releerlo, no, porque experimento mucho dolor al no haber estado con él en momentos de tanta soledad, para confortarlo. Pienso no solo en el guerrero firme y valeroso que siempre conocí, sino sobre todo en ese ser humano de una dimensión sin límites que había relegado siempre su yo para entregarse sin condiciones a su amor por la humanidad y que finalmente fue asesinado de modo brutal, sin que sus verdugos midieran siquiera la magnitud de la ignominia.

Mientras esa amalgama de sucesos ocurría, mis hijos crecían y yo finalizaba mis estudios universitarios. Continuaba, además, trabajando en algunas tareas que me asignaban en la FMC.

Después de graduada colaboré con el Ministerio de Educación en la preparación de textos escolares sobre la historia de América Latina, junto a un equipo de investigadores de la institución. Personalmente confeccioné un *Atlas histórico* del continente. Así había decidido vincularme, aunque fuera en teoría, al estudio de la región, razón por la cual años más tarde comencé a trabajar en el Centro de Estudios sobre América (CEA) hasta los años ochenta.

Paralelamente, en 1975, fui nominada y más tarde elegida como Diputada a la Asamblea Nacional del Poder Popular, en la que me desempeñé como presidenta de la Comisión de Relaciones Exteriores en su primer mandato y en la que tuve la dicha y el inmenso honor de trabajar con Raúl Roa, amigo entrañable del Che, quien fungía en ese tiempo como vicepresidente de la Asamblea. Me tocaban ráfagas de amor heredadas, aunque Roa aseguraba que también eran por mí y así lo quise creer siempre. Para mí era un hombre extraordinario, culto, tierno, leal, incondicional a la Revolución, de un humor incisivo y repleto de cubanía.

Durante el período de mi mandato, como pertenecía al Grupo Interparlamentario, tuve el privilegio de acompañar a Roa en esas misiones puesto que él lo presidía. Muchas veces pude presenciar sus pronunciamientos en defensa de nuestros intereses y de nuestras posiciones; eran verdaderas lecciones en el difícil arte de la política internacional, que me recordaban mucho lo realizado por el Che durante el tiempo en que desempeñó tareas similares. Creo que con Roa aprendimos todos los que lo acompañábamos y pudimos apreciar el respeto que sentían por él amigos y enemigos. A Roa lo llamábamos el Canciller de la Dignidad, por las páginas de honor que llenó en los años en que se desempeñó como ministro de Relaciones Exteriores.

Después ocupé otras responsabilidades en la Asamblea Nacional hasta 1991, fecha en la que concluí mi mandato como diputada. Simultaneaba, además, mi trabajo dentro del CEA como investigadora, ocupándome de Argentina como país objeto de estudio y, dentro de este, el tema del movimiento obrero. Es posible que todavía me aferrara a no perder los lazos afectivos que me unían con esa tierra.

Mientras tanto mis hijos crecían, definían cada uno su carácter y su vocación, moldeaban su personalidad llevados de mi mano. Yo trataba por todos los medios de que no sintieran la figura ni la ausencia de su padre como una carga. Por eso cuando, pasado un tiempo, releí *La piedra*, sentí que aunque no nos trazamos líneas ni moldes para educarlos —solo alguna que otra observación o sugerencia por su parte— coincidía plenamente con sus expresiones:

Me imaginé a mi hijo grande y ella canosa, diciéndole, en tono de reproche: tu padre no hubiera hecho tal cosa, o tal otra. Sentí dentro de mí, hijo de mi padre yo, una rebeldía tremenda. Yo hijo no sabría si era verdad o no que yo padre no hubiera hecho tal o cual cosa mala, pero me sentiría vejado, traicionado por ese recuerdo de yo padre que me refregaran a cada instante por la cara. Mi hijo debía ser un hombre; nada más, mejor o peor, pero un hombre.

Creo que se acercan a esa dimensión, la de hombres y mujeres y nada más. La mayor, Aleidita, es médico pediatra; los varones, Camilo y Ernesto, son abogados; y la menor de las mujeres, Celia, médico veterinaria, especializada en delfines y lobos marinos.

Así han pasado los años, unos con más intensidad que otros. He sido siempre la misma y a la vez diferente, marcada por alegrías y cicatrices, pero negada a petrificarme como una estatua hierática. Por eso, un día cualquiera decidí rehacer mi vida en unión de un compañero con el que me encuentro casada en la actualidad.

Nunca me han faltado las fuerzas ni el aliento para continuar haciendo. Impregnada de ese espíritu soñador que llevo dentro y de la necesidad de mantener vivo y auténtico el legado del Che, después de una visita que hizo Fidel a nuestro hogar, me decidí a escribirle. En nuestro encuentro habíamos conversado de temas comunes, y también me había pedido que analizara la posibilidad de convertir la casa en un museo.

En la carta que le envié reflexioné acerca de su proposición y sugerí que, en lugar de crear un museo, la casa debía albergar un centro encargado de estudiar la vida y la obra del Che con el rigor científico e histórico que merecía. Me mandó un mensaje de aceptación y la indicación de que empezara cuanto antes a trabajar en ello.

Sabía la responsabilidad que contraía desde esos momentos y la decisión que de inmediato tenía que tomar: mudarme para otra casa y hacer dejación de la que había sido, durante todos esos años, parafraseando a Martí, «yugo y estrella».

De nuevo hice y deshice bultos y recuerdos, pero esta vez consciente como nunca de que estaba llegando a una meta definitiva, no solo por el tiempo implacable que podía jugarme la inevitable mala pasada, sino porque no quería dejar inconclusa la obra que considero merece el Che, por su entrega sin límites en aras de alcanzar un mundo mejor.

Esta labor —que iniciamos como Archivo Personal del Che para ordenar sus papeles inéditos, documentos, fotos, escritos sobre su obra, entre otros—, sentó las bases para lo que hoy consideramos el homenaje más digno que el pueblo cubano, incluida su familia, le puede ofrecer: el Centro de Estudios Che Guevara. Este lugar, por su desempeño y objetivos, está llamado a ser un sitio de reflexión, análisis y debate, en concordancia con su legado: el enorme caudal de su pensamiento creador y el ejemplo paradigmático de su vida y obra.

Con la puesta en marcha del Centro, creo llenar una de mis mayores aspiraciones, tanto en lo espiritual como en lo material, porque los que laboramos en él deseamos acercarnos a todos, en particular a los niños, adolescentes y jóvenes, con el propósito de que conozcan al Che a través de su vida, de sus sueños, de sus aspiraciones y esencialmente de su obra creadora: la construcción de una nueva Cuba y la meta de un mundo mejor.

¿Qué mejor forma de acercarse al Che? Cuando se descubre, al rastrear en los fondos bibliográficos y fotográficos de su biblioteca, cuánto hizo para alcanzar su perfeccionamiento humano, cuántos escritos tratan de cultura, filosofía, historia, medicina; cómo atendió básicamente su proyección social o sus investigaciones clínicas sobre la alergia, se advierte un amplio espectro en el que se pueden encontrar respuestas a las posibilidades reales de poder ser como él. A eso aspiramos cuando decimos que el Centro puede llenar todas esas expectativas. Para mí, constituye la culminación de una obra soñada durante todo este tiempo.

El Centro desplegará su trabajo en dos direcciones fundamentales: el trabajo científico y el académico, a través de los cuales se realizarán investigaciones sobre la vida y obra del Che. Se publicarán los resultados que se obtengan y, por otra parte, se sistematizarán sus escritos y discursos para, finalmente, editar sus *Obras completas*, como una de las tareas esenciales de divulgación. En la actualidad trabajamos en un proyecto editorial en el que se ha logrado un ordenamiento temático de su pensamiento, así como la recuperación de la memoria histórica de momentos cruciales de su actuar dentro de la Revolución.

La otra línea definida se centrará en el trabajo comunitario y de extensión cultural, por intermedio del área de Proyectos Alternativos, con diferentes modalidades de inserción en la comunidad: talleres de computación, cerámica y fotografía; salas de proyección, lectura, exposiciones y conferencias.

Se incluyen, además, la asesoría a instituciones afines, el intercambio de documentación, la docencia de pre y postgrado y la participación en eventos y conferencias nacionales e internacionales.

El Centro, en su interés por divulgar facetas sobresalientes de la vida del Che, en la actualidad presenta una exposición itinerante, «Che, fotógrafo». Ha suscitado gran admiración en todos los que la visitan el descubrir una arista poco conocida, sobre todo por su extraordinaria factura estética y su alto dominio de la técnica. Su gusto por la fotografía, desde que era apenas un adolescente, la convierte en una especie de cómplice indispensable y permanente para captar imágenes que se mezclan con su vocación humanista, en los innumerables viajes que realizara por América Latina y otras partes del mundo.

Solo bastan algunos ejemplos para comprender cómo en estos años, largos y cortos a la vez, su figura y obra han adquirido espacios ni siquiera imaginados. Eso lo puedo afirmar con absoluta certeza, porque siempre tuvo en mí a su admiradora más fiel y leal, la que pudo sentir como nadie su crecimiento espiritual y su devoción por las causas más justas.

Asimismo he tenido que enfrentarme a circunstancias que no imaginé tener que afrontar. Un día, a finales de 1995, me llamaron para darme la noticia de la posibilidad de encontrar los restos del Che, secreto celosamente preservado por los militares bolivianos, como su trofeo de guerra más valioso.

Reiteré entonces mi aparente negativa, porque me debatía en un mar de contradicciones: era como una especie de asignatura pendiente que yo había pospuesto cursar, pero que sabía que tarde o temprano tenía que afrontar. Algo así eran mis sentimientos. Durante muchos años me resguardaba en criterios defendidos por el Che, mucho más elevados que los míos, de que el combatiente internacionalista debía permanecer en el país elegido en el caso de encontrar la muerte.

Tenía total razón, pero en mi fuero interno ¿era eso lo que yo quería?, ¿o era la coraza con la que me protegía para no tener que verme en un trance tan doloroso? No tuve opciones para rehusarme, porque tan pronto como nuestro pueblo conoció de la posibilidad de encontrar sus restos y los de sus compañeros, además de conmovidos, se mostraron deseosos de que se iniciara la búsqueda.

Pasaron casi dos años de trabajos arduos en los que hubo que borrar y también derribar barreras de ese ejército que lo persiguió con saña y que finalmente lo asesinó. Sin embargo, pudo más la dignidad y el decoro de nuestros pueblos, el boliviano y el cubano, que siendo fieles al legado del Che se entregaron para hacer realidad la búsqueda primero y el hallazgo después de «los elegidos con estrellas en la frente».

Una fría mañana del 28 de junio de 1997 aparecía en Valle Grande la fosa con los restos de siete de los compañeros caídos, entre ellos el Che. Si la noticia de su muerte sobrecogió al mundo, el hallazgo de la fosa que contenía sus restos por casi treinta años —faltaban apenas cuatro meses para que se cumplieran—, dimensionó enormemente el ejemplo de su vida, en momentos en los que el mundo pasaba por una de sus pruebas más aciagas: la desaparición del socialismo y la implantación de una política hegemónica neoliberal y unilateral. Parecía como si el Che, una vez más, se hubiera levantado para convocarnos a una nueva batalla.

Después de un laborioso trabajo de identificación, los restos llegaron a Cuba el 12 de julio y fueron recibidos por familiares y compañeros. A pesar del fuerte impacto emocional en que me encontraba, la compañía de mis hijos me daba la suficiente entereza para resistir y enfrentarme a ese pequeño osario, que desde la lejana Bolivia, llegaba para descansar definitivamente en la patria que había asumido como suya. ¿Era eso por lo que no quería pasar? Sin embargo, pude encontrar fuerza y razón suficientes hasta el final.

Y pude más, con mezcla de orgullo y dolor infinito escuché en la voz de mi hija Aliucha, a nombre de los familiares de los caídos, expresar lo que todos sentíamos:

Querido Comandante:
Hace más de treinta años nuestros padres se despidieron de nosotros: partieron para continuar los ideales de Bolívar, de Martí, en

un continente unido e independiente, pero tampoco ellos lograron ver el triunfo.

Estaban conscientes de que los grandes sueños solo se hacen realidad con inmensos sacrificios. No volvimos a verlos.

En esa época la mayoría de nosotros éramos muy pequeños, ahora somos hombres y mujeres, y vivimos, quizás por primera vez, momentos de mucho dolor, de intensa pena. Conocemos cómo ocurrieron los hechos y sufrimos por ello.

Hoy llegan a nosotros sus restos, pero no llegan vencidos, vienen convertidos en héroes, eternamente jóvenes, valientes, fuertes, audaces.

Nadie puede quitarnos eso, siempre estarán vivos junto a sus hijos, en su pueblo.

Ellos sabían que cuando lo decidieran podrían regresar a la patria y que nuestro pueblo los recibiría con amor y curaría sus heridas, y sabían que Usted seguiría siendo su amigo, su jefe.

Por eso es que le pedimos, Comandante, que nos haga el honor de recibir sus restos, más que nuestros padres son hijos de este pueblo que tan dignamente Usted representa. Reciba a sus soldados, a sus compañeros que regresan a la Patria.

Nosotros también le entregamos nuestras vidas.

Hasta la victoria siempre

Patria o Muerte

Las palabras de la mayor de mis hijos presagiaban las muestras de respeto y admiración, que solo un pueblo como el cubano supo darle durante los días en que se le rindieron tributo. Desde Ciudad de La Habana, en la emblemática Plaza de la Revolución José Martí, un mar de pueblo, en infinita fila y en silencio absoluto, como en la velada solemne de hacía tres décadas, recibía más que despedía a su héroe legendario.

Lo mismo ocurrió a lo largo del trayecto por todas las provincias en que pasó la caravana hasta Santa Clara, lugar donde libró su más célebre batalla y en la que se levanta una hermosa Plaza como tributo a su memoria.

Esta vez yo no llegaba a mi ciudad natal para rememorar la historia vivida en común, sino que me traía el adiós y lo hice con añoranza, en una especie de rito que sentía que le debía. Sé que sorprendí a muchos con la decisión que había tomado y los primeros sorprendidos fueron mis hijos, que no sabían nada de lo que había resuelto hacer y hasta dudaron de que llegara al final.

El motivo de mi resolución era aquel pequeño pañuelo de gasa que le había dado al Che como recuerdo y que guardó hasta nuestro encuentro en Tanzania, donde me lo devolvió. Aquel que en *La piedra*, el Che, con la ironía que lo caracterizaba, da fe de lo que representaba para él ese pañuelo: «El pañuelo de gasa. Eso era distinto; me lo dio ella por si me herían en un brazo, sería un cabestrillo amoroso. La dificultad estaba en usarlo si me partían el carapacho. En realidad había una solución fácil, que me lo pusiera en la cabeza para aguantarme la quijada y me iría con él a la tumba. Leal hasta la muerte».

En esas circunstancias sentía que era una deuda y le pedí a mi hija Aliucha, ya tarde en la noche —cuando se había retirado el pueblo—, que pidiera autorización para abrir el osario. De más está decir que yo no tuve valor para hacerlo, fue mi hija Celia quien lo depositó junto a sus restos, para que el guerrero descansara con su pañuelo de gasa: «Leal hasta la muerte...».

La ceremonia de homenaje culminó el 17 de octubre de 1997. En ella, una vez más, Fidel, con estoica entereza —yo más que nadie sabía del tremendo esfuerzo que hacía en esas circunstancias para expresar comedidamente sus ideas a nuestro pueblo—, supo encontrar las palabras precisas para enaltecer el significado de ese singular momento:

¡Bienvenidos, compañeros heroicos del destacamento de refuerzo! ¡Las trincheras de ideas y de justicia que ustedes defenderán

junto a nuestro pueblo, el enemigo no podrá conquistarlas jamás!
¡Y juntos seguiremos luchando por un mundo mejor!
¡Hasta la victoria siempre!

Así seguimos, mis cuatro hijos —«los trocitos» que hicimos— y mis diez nietos en formación. De ellos me siento complacida, espero que nunca me defrauden, que amen a su abuelo tal cual fue y que sean sobre todo solidarios y leales a su patria y a su Revolución. Por mi parte he tratado de cumplir la tarea por la que no pude acompañarlo. Mis hijos, sin que nadie se los exigiera, han sabido cumplir con tareas internacionalistas en Angola y Nicaragua, haciendo valederos los preceptos de solidaridad y justicia por los que abogara su papá.

Me siento satisfecha y, cuando mi ciclo vital se acerque al cierre, quisiera decir como dijo el Che: «recuérdenme de vez en cuando...».

A modo de epílogo

Para alguien que no se dedica a la escritura como profesión, resulta en extremo difícil tratar de subsanar errores o vacíos que lamentablemente quedan cuando se termina de redactar un libro, sobre todo si se intenta desgranar desde la memoria hechos que pertenecen a historias comunes sobre personas o acciones relevantes.

Lo que pretendo expresarles es que al releer *Evocación* siento que, aunque no era el sentido sustantivo del libro, me ha resultado insuficiente el reconocimiento a muchas compañeras a veces olvidadas en el papel que desempeñaron en nuestras luchas recientes, por su valor, desinterés y entrega. En mi experiencia personal puedo aseverar que muchos hombres y mujeres de mi provincia actuaron con extraordinario coraje y creo no deben permanecer solo en nuestros recuerdos.

Esa razón es la que me ha llevado a esta breve meditación, porque existieron y existen mujeres que nunca se han mencionado y deseo al menos nombrarlas para rememorarlas en este tributo y rendirles el homenaje que se merecen: Margot Machado, Ernestina Mazón, Dolores Rosell Anido, Digna Sires, Carmen Zapateros, Verena Pino, Marta Lugioyo, Teresita Orizondo, Zoraida Lugo, Nena y Clara Gómez Lubián, Luisa Díaz, madre de Haydee Leal y Melitina Delgado.

Especial mención, como expresé en el texto, debo dedicar a la casa de Haydee Leal, una de las primeras en las que se reunían los compañeros que conformaron la primera dirección provincial del Movimiento 26 de julio y donde en algunas ocasiones se refugiaban. La mamá de Haydee —Luisa Díaz—, conocía del riesgo al que se exponía, sin embargo, nunca albergó dudas ni temores y siempre nos recibía con esa sonrisa bondadosa que el tiempo no ha podido borrar de mi memoria.

Otra de las abnegadas madres de extraordinaria firmeza fue Melitina Delgado, madre de Marta Lugioyo, cuya casa también sirvió de apoyo y resguardo a combatientes del Movimiento, al ser esta última una abogada de prestigio que contaba con un automóvil, en aquellos tiempos no muy común, y que le resultaba en extremo valioso para moverse con relativa seguridad. Cuando empleábamos la casa de Melitina nunca sentimos rechazo, conscientes de que sabía el objetivo de nuestra presencia por alguna encomienda asignada, al igual que la estancia de compañeros que debían permanecer en ella por corto tiempo, advertidos de que no debíamos «quemar la casa de Melitina y Papito», como le decíamos al padre de Marta.

Marta Lugioyo, por sus cualidades y valor fue seleccionada para misiones de riesgo, incluso subió al Escambray primero que yo para encontrarse con el Che y llevar a un compañero de la dirección de Propaganda que después abandonó nuestras filas. En ocasiones cumplimos juntas algunas tareas y al triunfo de la Revolución compartimos labores dentro del Ministerio de Industrias. Con posterioridad, se desempeñó como delegada y diputada de la Asamblea Nacional del Poder Popular.

Así van pasando retrospectivamente por mi mente un grupo de compañeras, aun cuando no las haya mencionado a todas, que, sin aquilatarlo concientemente en toda su dimensión, con su patriotismo y dignidad contribuyeron a la emancipación patria y a nuestra plena igualdad.

Anexo

La piedra

Me lo dijeron como se deben decir estas cosas a un hombre fuerte, a un responsable, y lo agradecí. No me asaltó preocupación o dolor y traté de no mostrar ni lo uno ni lo otro. ¡Fue tan simple!

Además, había que esperar la confirmación para estar oficialmente triste. Me pregunté si se podría llorar un poquito. No, no debía ser, porque el jefe es impersonal; no es que se le niegue el derecho a sentir, simplemente, no debe mostrar que siente lo de él; lo de sus soldados, tal vez.

— Fue un amigo de la familia. Lo telefonearon avisándole que estaba muy grave, pero yo salí ese día.

— Grave, de muerte?

— Sí

— No dejes de avisarme cualquier cosa

— En cuanto lo sepa, pero no hay esperanzas, creo.

(1 de 10)
Facsimilares del relato *La piedra*, escrito por el Che
durante su estancia en el Congo.

Ya se había ido el mensajero de la muerte y no ~~había~~ tenía confirmación. Esperar era todo lo que cabía. Con la noticia oficial decidiría si tenía derecho o no a ~~mostrar~~ tristeza. Me inclinaba a creer que no.

El sol mañanero golpeaba fuerte después de la lluvia. No había nada extraño en ello, todos los días llovía y después salía el sol y apretaba y ~~sacaba~~ expulsaba ~~toda~~ la ~~amargura~~ humedad. Por la tarde, el arroyo venía otra vez cristalino, ~~de nuevo~~, aunque ese día no había caído mucha agua en las montañas, estaba como normal.

— Decían que el 20 de mayo dejaba de llover y hasta octubre no caía una gota.

— Decían... pero dicen tantas cosas que no son ciertos.

— ¿La naturaleza ~~se~~ se guiará por el calendario?

No me importaba si la naturaleza se guiaba o no por el calendario. En general, podía decir que no me importaba nada de nada; ni era ~~inactividad~~ forzada, ni esta guerra

idiota, sin objetivo. Bueno, sin objetivo no;
sólo que estaba tan vago, tan diluido, que
parecía inalcanzable, como un infierno
subrealista donde el eterno contigo fuera
el tedio. Y, además, ¿qué importaba. Claro que no importaba.

Hay que encontrar la manera de
romper esto, pensé. Y era fácil pensarlo, uno
podía hacer mil planes, a cual más tenta-
dor, luego seleccionar los mejores, fundien-
do otros en uno, simplificarlo, verterlo
al papel y entregarlo. Allí acababa todo y
había que empezar de nuevo. Una burocra-
cia más inteligente que la nuestra, en vez
de archivar, lo desaparecían. Los hombres
decían que se lo fumaban, todo pedazo de
papel puede fumarse, si hay algo dentro. Era
una ventaja; lo que no me gustara podía
cambiarlo en el próximo plan. Nadie lo notaba. Parecía
que eso seguiría hasta el infinito.

Tenía deseos de fumar y saqué la
pipa. Estaba, como siempre, en su bolsillo.

Yo no perdía mis pipas, como lo rodados en que era muy importante para mí tenerla. En los caminos del humo se puede remontar cualquier distancia; ~~en~~ diría que se puede crear los propios planes y soñar con la victoria sin que parezca un sueño; solo una realidad vaporosa por la distancia y los humos que hay siempre en los caminos del humo. Muy buena compañera es la pipa; ¿cómo perder una cosa tan necesaria? ¿Qué tontos. A pie No eran tan tontos; tenían actividad y conciencia de actividad ~~o para~~ No hace falta pensar entonces y ¿para qué sirve una pipa sin pensar? Pero se puede soñar. Sí, se puede soñar, pero la pipa es importante cuando se sueña a lo lejos; hacia un futuro cuyo único camino es el humo o un pasado tan lejano que hay necesidad de usar el mismo sendero. Pero los anhelos cercanos se sienten con otra parte del cuerpo, tienen.

pies vigorosos y vista buena; no necesitan el auxilio del humo. Ellos la perdían porque no les era imprescindible; no se pierden las cosas imprescindibles.

Tendría algo más de ese tipo? El primito di fora. Eso era distinto; me lo dió ella por si me herían en un brazo; sería un cabrestillo amoroso. La dificultad estaba en usarlo si me partían el corpacho. En realidad había una solución fácil, que me lo pusieran en la cabeza para ayuntarme la quijada y me iría con él a la tumba. Leal hasta en la muerte. Si quedaba tendido en un monte o me recogían los otros no habría pañuelito de gasa; me descompondría entre las hierbas o me exhibirían y tal vez saldría en el Life con una mirada atónica y desesperada fija en el instante del supremo miedo. Porque se tiene miedo, a qué negarlo.

Por el humo, ~~andove~~ anduve mis viejos
caminos ~~redo~~ y elegué a los rincones íntimos
de mis miedos, siempre ligados a la
muerte como esa nada turbadora e
inexplicable, por más que nosotros, marxis-
tas-leninistas, explicamos muy bien la
muerte como la nada. ¿Y qué es esa
nada? Nada. Explicación más sencilla
y convincente imposible. La nada es
nada; cierra tu cerebro, ponle un monto
negro, si quieres, con un cielo de estrellas
distantes, y esa es la nada-nada; equi-
valente: infinito. Uno sobrevive en la
especie, en la historia, que es una forma
mistificada de vida en la especie; en los
retos, en aquellos recuerdos. ¿Nunca haz
sentido un escalofrío en el espinazo leyen-
do los cargos de hoco? (al machete): eso es la vida
después de la nada. Los hijos; también.
No quisiera sobrevivirme en mis hijos:
ni me conocen; soy un cuerpo extraño

que perturba a veces mi tranquilidad,
que se interpone entre ellos y la
noche.

Me imagino mis hijo grande y alla
canosa, diciéndole, en tono de reproche:
tu padre no hubiera hecho tal cosa, o
tal otra. Sentí dentro de mí, hijo de
mi padre yo, una rebeldía tremenda. Yo
hijo no sabría si era verdad o no que
yo padre no hubiera hecho tal o cual
cosa mala, pero me sentiría negado,
traicionado por ese recuerdo de yo padre
que me refregaran a cada instante
por la cara. Mi hijo debía ser un hombre,
nada más, mejor o peor, pero un hombre.
Le quedaría a mi padre su cariño dulce
y volandero, sin ejemplos. ¿Y mi madre?
La pobre vieja. Oficialmente no tenía
derecho todavía, debía esperar la confirmación.

Así ondata, por mis rutas del humo

cuando me interrumpió, forzoso de ser
útil, usar soldado.

— No se le pidió nada?

— Nada —, dije, oreciendola a la ota de mi corneta

— Piense bien

Palpe mis bolsillos; todo en orden

— Nada

— ¿ esta piedrecita? Yo se la vi en el
¿llavero
— Ah. carajo.

Entonces me palpó el reproche con fuerza salvaje. No se pierde nada necesario,
vitalmente necesario. ¿ se vive si no se
es necesario? Vegetativamente sí, uno ser
moral no. creo que no. al menos.

Hasta sentí el chapuzón en el recuerdo
y me vi palpando los bolsillos con ignora
meticulosidad, mientras el arroyo, rendo de
tierra montañera, me ocultaba su secreto. La pipa, primero la pipa; ahi estaba.
Los papeles o el pañuelo hubieran flotado. el
copizador, puesta ; los plumas, aqui;

los libretos en su forro de nylon, sí; la fosfore-
ra, presente también; todo en orden. Se di-
solvió el chaquerón.

Sólo dos recuerdos pequeños llevé a la lucha; el pañuelo de gasa, de mi mujer y
el llavero con la piedra, de mi madre, muy
bonito este, ordinario; la piedra se despegó y la
guardé en el bolsillo.

¿Es clemente o vengativo, o solo impersonal como un jefe, el onoto? ¿No se llora
porque no se debe o porque no se puede? ¿Hay
derecho a olvidar, aún en la guerra? ¿Es necesario disfrazar de miedo al hielo?

¿Qué se yo. De veras, no sé. Sólo sé que
tengo una necesidad física de que aparezca
mi madre y yo reclino mi cabeza en su
regazo magro y ella me diga "mi viejo",
con una ternura seca y plena y sentir
~~su~~ ~~caricia~~ el pelo
~~Tu mano~~ ~~sobre~~ ~~ante~~ ~~en~~ ~~la~~ ~~caricia~~ desmañada, acariciando a saltos, como un mu-
ñeco de cuerda, como si la ternura le saliera

por los ojos y la voz, porque los conductos solos no la hacen llegar a las extremidades. Y las manos se estremecen y palpan más que acarician, pero la ternura resbala por fuera y las rodea y uno se siente temblar, tan pequeñito y tan fuerte. No es necesario pedirle perdón; ella lo comprende todo; uno lo sabe cuando escucha ese, "uni ve jo"...

— ¿Esta fuerte? A mí también me hizo efecto; ayer con mi cuerpo cuando me iba a acostar. Es que no lo dejas nacer bien, pues.

— Es una mierda, cuando estoy siguiendo el pedido a ver si traes producía como la gente. Uno tiene derecho a fumar aunque sea una pipa, tranquilo y sabroso, no?...

Notas

1. Fulgencio Batista y Zaldívar (1901-1973). Tomó parte en el golpe militar del 4 de septiembre de 1933, como sargento taquígrafo. Convertido en instrumento de la derecha, subordinada al Gobierno de Estados Unidos, derroca en 1934 al Gobierno de Grau-Guiteras y se erige en el poder real de Cuba hasta 1944. El 10 de marzo de 1952 da un nuevo golpe de Estado e implanta una sangrienta tiranía. Huye de Cuba, junto a un grupo de sus cómplices, en las primeras horas del 1ro. de enero de 1959.

2. El Partido Auténtico se constituyó después de la revolución frustrada de 1933, cuando algunos elementos revolucionarios, de características disímiles, comenzaron a aunar esfuerzos para conquistar el poder por las vías electorales. Gobernó por primera vez durante el período de 1944 a 1948 con Ramón Grau San Martín, su principal figura, con un saldo negativo que se tradujo en amplias frustraciones populares al no cumplir sus compromisos esenciales. A ese período de mandato, le sucede Carlos Prío Socarrás, quien asume la presidencia en 1948, caracterizada por un desempeño mediocre y corrupto, lo que hizo declinar cada vez más el arraigo del autenticismo en la población. Esa coyuntura política, es aprovechada por el ex presidente Fulgencio Batista, quien encabeza el golpe de Estado del 10 de marzo de 1952.

3. El Partido Ortodoxo surge como consecuencia de la inoperancia y demagogia del Partido Revolucionario Cubano (Auténtico), y se produce una escisión por su ala izquierda, que se denominaban «auténticos ortodoxos», dirigidos por Eduardo Chibás. En 1947 deciden oponerse al continuismo presidencial de Grau, y fundan el nuevo partido, denominado Partido del Pueblo Cubano (Ortodoxo), con el propósito de desarrollar un movimiento político nacional apoyado sobre todo en la pequeña burguesía criolla. Sus objetivos contaron con la anuencia de la mayoría del pueblo, por considerarlo genuino y representativo de sus intereses y anhelos. Su lema «Vergüenza contra dinero» caló en lo profundo de la nación. Como nota relevante, Fidel Castro Ruz militó en sus filas, dentro del ala más radical.

4. Después de su excarcelación en mayo de 1955, Fidel Castro se traslada a México para desde allí organizar la guerra que acabaría con el régimen de Batista.

5. El 25 de noviembre la fuerza expedicionaria, compuesta por ochenta y dos combatientes, sale del puerto de Tuxpan en el yate *Granma*. Para desviar la atención de las fuerzas de la tiranía batistiana, se instruye a Frank País, encargado de la dirección del Movimiento 26 de Julio y organizador de las células de acción clandestinas en la provincia de Oriente, trabajar en un levantamiento general a producirse el 30 de noviembre, fecha probable del desembarco, que preveía como hecho principal el asalto a las estaciones de la Policía Nacional y Marítima, en Santiago de Cuba, con el objetivo de apoderarse de las armas y, en lo posible, la toma de la ciudad, además de puntos importantes de Oriente, para de esta forma impedir la concentración de las fuerzas opresoras en una sola dirección. A pesar de que los resultados obtenidos no culminaron con el cumplimiento exitoso del plan, fue una página de arrojo y valor y cuando, por primera vez, el pueblo vio a los combatientes con el glorioso uniforme verde olivo. Mientras tanto, una vez en el Golfo de México, la expedición del *Granma* estuvo sometida durante la travesía a una serie de acontecimientos que impidieron completar el plan de desembarco para la fecha prevista, lográndolo el 2 de diciembre de 1956, por la playa de Las Coloradas.

6. La fuerza expedicionaria recibe su bautismo de fuego el 5 de diciembre de 1956 en Alegría de Pío, donde fue sorprendida y atacada por las fuerzas de tierra y aire de la tiranía. Tras la sorpresa los expedicionarios se dispersan en varios grupos, aunque tenían la orientación de reunirse en la Sierra Maestra. Luego de múltiples vicisitudes y con la ayuda de los campesinos de la zona, las fuerzas rebeldes logran reunirse bajo el mando de Fidel en la zona de Cinco Palmas.

7. Las principales fuerzas revolucionarias opuestas a la tiranía fueron, en primer lugar el Movimiento 26 de Julio y con este el Directorio Revolucionario 13 de Marzo y el Partido Socialista Popular (PSP), las que llegan separadas en el momento del triunfo, aunque de hecho existían la cooperación y el diálogo entre ellos. En la nueva etapa, el punto focal estaba centrado en la unidad, como necesidad insoslayable con el fin de unir al pueblo en la lucha por defender y consolidar la Revolución. En la práctica, desde 1960 comenzó a funcionar una dirección política integrada, cuyo proceso real de fusión se inicia en 1961. El 16 de abril de ese año, fecha de la proclamación del carácter socialista de la Revolución, se toma como un hito para el surgimiento de un nuevo partido. En la constitución de los núcleos de las Organizaciones Revolucionarias Integradas (ORI), desde los primeros momentos se cometieron graves errores. Teniendo en cuenta la mayor experiencia organizativa del PSP, la secretaría de organización le fue confiada a Aníbal Escalante, quien había desempeñado igual cargo antes del triunfo revolucionario. Aníbal empezó a utilizar esa posición clave como instrumento de una política sectaria y de ambición de poder personal. Trató de convertirse en el centro de decisión y en la

autoridad fundamental para la designación de los principales cuadros del país. Aplicó la política de nombrar cuadros que provenían del PSP, y de relegar a luchadores de grandes méritos que no provenían de esa fuerza política. Este proceso se conoce como «sectarismo». El 26 de marzo de 1962, en una intervención pública, Fidel analizó los errores cometidos por Aníbal Escalante y demás responsables de la política sectaria aplicada y explicó la decisión de la dirección de las ORI de rectificar el proceso de construcción del futuro Partido Unido de la Revolución Socialista de Cuba (PURSC), mediante la aplicación de un método de masas, antecedente directo del actual Partido Comunista de Cuba, creado el 3 de octubre de 1965, fecha en que se constituye su primer Comité Central y la integración del Buró Político y donde Fidel da lectura a la carta de despedida que dejara el Che antes de su partida para el Congo. Aníbal Escalante, depuesto de su cargo, nuevamente se vio involucrado en el proceso conspirativo de la llamada «microfracción», en 1967, por lo que fue juzgado y sancionado.

8.   Camilo Cienfuegos (1932-1959). Expedicionario del yate *Granma*. Como comandante del Ejército Rebelde condujo hasta la zona norte de la provincia de Las Villas la Columna Invasora número 2 «Antonio Maceo», con la cual participó en la ofensiva final contra la tiranía. Designado en 1959 jefe del Ejército Rebelde, falleció en un accidente aéreo el 28 de octubre de 1959 cuando regresaba de Camagüey, adonde se había se trasladado para solucionar la delicada situación política creada por la traición de Hubert Matos, comandante rebelde, al mando del gobierno de la provincia y opuesto desde los primeros momentos a las medidas revolucionarias a favor del pueblo. La búsqueda de los restos de Camilo duró varios días de espera angustiosa por parte de todo un pueblo que no se resignaba a su pérdida.

9.   CEPALC: Comisión Económica para América Latina y el Caribe. Es una de las cinco comisiones regionales de la Organización de las Naciones Unidas (ONU), creada el 28 de febrero de 1948 por resolución de su Consejo Económico y Social (ECOSOC) como Comisión Económica para América Latina (CEPAL). Su actual denominación data de 1985 y en la actualidad son miembros de la CEPAL los Gobiernos de cuarenta y siete países y territorios. Los objetivos fundamentales son, entre otros, poner en marcha y apoyar las medidas que contribuyan a facilitar una acción concertada para la resolución urgente de problemas económicos; elevar el nivel de actividad económica en los países de la región y mantener y estrechar sus relaciones económicas.

**Diarios de Motocicleta:
Notas de viaje por América Latina**
Prólogo de Aleida Guevara
Introducciones de Walter Salles y Cintio Vitier
"La enormidad de nuestro empeño se nos escapaba en aquellos momentos; sólo veíamos el polvo de la carretera por delante y a nosotros mismos en la moto, devorando kilómetros en nuestro ascenso hacia el norte", escribió un joven Ernesto Guevara cuando, junto a su compañero Alberto Granado, se lanzó a la carretera en una motocicleta Norton de época para descubrir América Latina.

Este es su vivaz y entretenido diario de aquella aventura, con fotos exclusivas e inéditas tomadas por el estudiante de medicina argentino de 23 años en su viaje a través del continente, y un delicado prólogo de Aleida Guevara que ofrece una inteligente perspectiva de su padre, el hombre y el icono. (Marzo 2023). ISBN: 9781644211380

Diario de Che en Bolivia
Prólogo de Camilo Guevara
Introducción de Fidel Castro
El relato del Che sobre la fatídica misión en Bolivia que intentó desencadenar una revolución en todo el continente. Este es el último diario del Che Guevara, compilado a partir de los cuadernos descubiertos cuando fue capturado y ejecutado por el ejército boliviano en octubre de 1967. Se convirtió en un *bestseller* instantáneo. Esta nueva edición revisada cuenta con un revelador prólogo del hijo mayor del Che, Camilo, una cronología, mapas y 32 páginas de fotos raras e inéditas. (Julio 2024). ISBN: 9781644211397

**Pasajes de la Guerra Revolucionaria:
Congo**
Prólogo de Aleida Guevara
Introduccion de Gabriel García Márquez
Un intrigante relato del Che Guevara sobre la guerra revolucionaria en el Congo que completa el capítulo perdido de su vida. Antes de su fatal misión en Bolivia, en 1965, el Che dirigió una fuerza secreta cubana que viajó para ayudar al movimiento de liberación nacional africano contra los colonialistas belgas, tras el asesinato de Patrice Lumumba por la CIA. (Marzo 2024). ISBN: 9781644211403

Te abraza con todo fervor revolucionario: Epistolario de un tiempo 1947-1967

Prólogo de Aleida Guevara

Ernesto Che Guevara fue un viajero—y por tanto un escritor de cartas—durante toda su vida adulta. Las cartas reunidas aquí van desde las enviadas a su hogar durante su viaje en *Diarios de Motocicleta*, hasta la larga carta a Fidel tras el éxito de la revuelta cubana a principios de 1959; desde las más personales hasta las más intensamente políticas, revelando a alguien que no sólo reflexionaba profundamente sobre todo lo que encontraba, sino que el proceso de transformación social fue un compañero constante desde su juventud hasta poco antes de su muerte. Sus cartas nos muestran al Che hijo, al amigo, al amante, al guerrillero, al político, al filósofo y al poeta. El Che, en estas cartas, es a menudo juguetón, divertido, a veces sarcástico, y profundamente afectuoso. Su vida fue corta, y estos veinte años, desde que tenía diecinueve hasta días antes de su muerte, muestran que también fue increíblemente rica y plena. (Octubre 2023). ISBN: 9781925756395

Che Guevara Presente: Una antología mínima

Editado por David Deutschmann y María del Carmen Ariet García

Reconocido como uno de los "iconos del siglo XX" por la revista *Time*, el Che Guevara se convirtió en una leyenda en su época y ahora ha resurgido como símbolo de una nueva generación de activistas políticos. Mucho más que un estratega guerrillero, el Che Guevara hizo una profunda y duradera contribución a la teoría revolucionaria y al humanismo marxista, como se demuestra en este *bestseller*. (Octubre 2024). ISBN: 9781644211410

Otra Vez: Diario del segundo viaje por Latinoamérica

Esta secuela de *Diarios de Motocicleta* incluye correspondencia, poesía y periodismo que documentan el segundo viaje latinoamericano del joven Ernesto Guevara tras su graduación en la facultad de medicina en 1953. Revela cómo el joven argentino se transforma en un revolucionario militante, dispuesto a comprometerse con la lucha guerrillera que Fidel Castro y sus compañeros están a punto de lanzar en Cuba contra la dictadura del general Fulgencio Batista. (Septiembre 2024). ISBN: 9781644211427

Pasajes de la Guerra Revolucionaria

Prólogo de Aleida Guevara

Publicada originalmente como una serie de artículos para los periódicos cubanos, esta edición completamente revisada incluye por primera vez correcciones hechas por el propio Che a su diario en el que se basaron los ensayos. Este libro también incluye un prólogo de la hija del Che, Aleidita, sobre cómo se conocieron sus padres durante la guerra revolucionaria y 32 páginas de fotos y mapas de la campaña guerrillera. (Marzo 2025). ISBN: 9781644211434

La Guerra de Guerrillas:
Nueva edición autorizada y corregida
Prólogo de Harry "Pombo" Villegas
Un clásico de superventas durante décadas, este es el incisivo análisis del Che Guevara sobre la revolución cubana, un texto estudiado por sus admiradores y adversarios por igual. Aunque a menudo se considera un "manual" de guerra de guerrillas, este libro es principalmente un relato político de lo que ocurrió en Cuba y por qué. Explica cómo un pequeño grupo de combatientes dedicados se hizo más fuerte con el apoyo del pueblo cubano, superando sus limitaciones para derrotar al ejército del dictador respaldado por Estados Unidos. También analiza por qué la revolución cubana alcanzó una "trascendencia continental e internacional". (Noviembre 2024). ISBN: 9781644211663

Justicia Global:
Tres ensayos sobre liberación y socialismo
Introducción de María del Carmen Ariet García
¿Existe una alternativa a la globalización empresarial y al militarismo que asola nuestro planeta? Estas obras clásicas de Ernesto Che Guevara presentan una visión revolucionaria de un mundo diferente en el que la solidaridad humana y la comprensión sustituyen a la agresión y la explotación imperialistas. (Junio 2024). ISBN: 9781644211687

América Latina:
Despertar de un continente
Editado por María del Carmen Ariet García
En una carta a su madre en 1954, un joven Ernesto Guevara escribió: "Las Américas serán el teatro de mis aventuras de una manera mucho más significativa de lo que yo hubiera creído". En America Latina se narra la historia de esas aventuras, trazando la evolución del Che desde el joven e impresionable estudiante de medicina al "guerrillero heroico", asesinado a sangre fría en Bolivia. A lo largo de diecisiete años, esta antología se nutre de los archivos personales de su familia y ofrece lo mejor de los escritos del Che: ejemplos de su periodismo, ensayos, discursos, cartas e incluso poemas. A medida que el Che documenta sus primeros viajes por América Latina, su participación en las revoluciones guatemalteca y cubana, y su ascenso a la prominencia internacional bajo el mando de Fidel Castro, vemos cómo su ferviente compromiso con la justicia social moldeó y fue moldeado por el continente al que llamó hogar.

Casi la mitad de este libro se publica por primera vez y es anterior a la llegada del Che a Cuba con la expedición guerrillera de Fidel Castro en 1956. También se incluyen sus notas para su libro inacabado, *El rol social de los médicos en América Latina*. (Septiembre 2024). ISBN: 9781644211700